EUROPAS MOSCHEEN

EUROPAS MOSCHEEN
ISLAMISCHE
ARCHITEKTUR
IM AUFBRUCH

CHRISTIAN WELZBACHER

DEUTSCHER KUNSTVERLAG

FÜR VERA

INHALT

Architektur des Islam in Europa – das Thema steht unter Rechtfertigungsdruck. Das war bereits 2008 so, als die erste Fassung des vorliegenden Essays unter dem Titel *Euro-islam-Architektur. Die neuen Moscheen des Abendlandes* erschien. Damals debattierte man in Frankreich das Burka-Verbot, ein Schweizer Volksentscheid untersagte den Bau von Minaretten, Deutschland ventilierte die rassistischen Slogans eines SPD-Politikers. Gut zehn Jahre später haben sich die Ressentiments in der Gesellschaft verfestigt. Sie sind konstitutiver Teil der Programme von rechtpopulistischen Gruppierungen, die sich in ganz Europa großer Anhängerschaft erfreuen. Im Schatten dieser Entwicklung sind Angriffe auf Muslime und ihre Einrichtungen erschreckende Normalität. Gleichzeitig wächst eine Generation von Muslimen heran, die sich von der Mehrheitsgesellschaft ausgegrenzt fühlt, als Guerillasoldaten am Zerfallsprozess von Staaten wie Libyen, Syrien und dem Jemen teilnimmt und Gewalt in die Länder ihrer Herkunft exportiert – Länder, die sie als Heimat nie empfinden konnten. Das alles zeigt auf drastische Weise, dass Nachdenken über den Islam eine globale Perspektive erfordert. Und das gilt – in einem positiven Sinne – genauso, wenn es um die konstruktive Auseinandersetzung mit dem Moscheenbau geht.

Blickt man mit der gebotenen Genauigkeit auf die Argumentationsmuster des Antiislamismus – ebenfalls ein globales Phänomen –, so zeigt sich, dass hier meist lange bestehende Ressentiments bedient werden. Da wird die islamische Kopfbedeckung der Frau mit dem im europäischen Bildgedächtnis verankerten Kopftuch der Bauern überblendet, um die angebliche Rückwärtsgewandtheit der Religion und den minderwertigen Sozialstatus von »Armutsmigranten« zu evozieren. Da werden, trotz fortgeschrittener Säkularisierung, antipodische Klischees von Morgenland und Abendland bemüht, deren Entstehung in das Zeitalter der Kreuzzüge zurückreicht. Martin Luther erkannte angesichts der ersten Türkenbelagerung Wiens (1529–1532) in den Osmanen den »Antichrist«. Seither gehörte diese Vorstellung zum rhetorischen Repertoire der christlichen Kirchen, immer wieder erneuert und variiert in Sprache und Bild. In monumentaler Form lässt sich dies in zahlreichen barocken Residenzen begutachten, in den Schlössern von Wien oder München, Rastatt oder Warschau. Unzählige italienische Altarbilder, entstanden vom ausgehenden Mittelalter bis zum Barock, zeigen die Heilige Klara, die der Legende nach die »Sarazenen« in die Flucht geschlagen haben soll, indem sie ihnen die Monstranz entgegenreckte. Auch die im späten 17. Jahrhundert errichtete Stadtpfarrkirche St. Magdalena im oberbayerischen Fürstenfeldbruck zeugt vom lange gehegten Gedanke eines »Clash of Civilisations«. Der Gemeinderaum wird von einem gewaltigen Deckengemälde überspannt, das die Apotheose des Kampfes gegen die Osmanen zeigt. → Abb. 1   Im Zentrum, umfangen von einem Strahlenkranz, steht die Jungfrau Maria auf einem von Evangelistensymbolen gezogenen Wagen, den Engel, Erzengel und ein Donnerwetter beschirmen. Darunter, zu ebener Erde, schlagen europäische Söldner verängstigte Türken in die Flucht, die an Turbanen, Krummsäbeln, Bärten und Hakennasen deutlich zu erkennen sind. Das Werk entstand zur Zeit der zweiten Belagerung Wiens (1683), also noch vor den entscheidenden fünften (1716–1718) und sechsten (1737–1739) Kriegen gegen die Osmanen, mit denen die jahrhundertealte »Türkengefahr« gebannt und in die harmlose Kulturreferenz der »Türkenmode« überführt werden konnte – Kaffee, Tabak, Janitscharenklänge. → Abb. 2   In Fürstenfeldbruck aber – und in manch anderer mitteleuropäischer Kirche – beten die Menschen noch immer unter dem kämpferischen Kunstwerk.

Angesichts solcher Darstellungen sollten heute Gläubige aller Religionen aufgefordert sein, sich mit den eingeübten Vorurteilen auseinanderzusetzen, um sie zu

1   Fürstenfeldbruck, Stadtpfarrkirche, Ausschnitt aus dem Deckengemälde, um 1685
2   Leipzig, Giebelrelief über dem Haus »Zum arabischen Coffe-Baum«, um 1730

überwinden. Denn jede Kritik erfordert zwingend die selbst-
kritische Überprüfung des eigenen Standpunktes. Nur so
entsteht eine angemessene Differenzierung des Urteils.
Daher gilt es auch im Hinblick auf den europäischen
Moscheenbau, die Diskussion ohne Ängste und gleicher-
maßen ohne falsche Vorstellungen zu führen. Daher ist es
zentral, eine ausgewogene Islamkritik an eine europäische
Selbstkritik, gegenseitiges Verständnis an das Begreifen
der eigenen Kultur, der eigenen Geschichte und ihrer weiterhin aktiven Wirkmuster zu koppeln. Das vorliegende
Buch will dies am Beispiel von Architektur tun, indem es die
Errichtung von Moscheen in Europa erörtert, künstlerische,
planerische, liturgische Aspekte reflektiert und dabei politische und soziale Implikationen genauso einbezieht wie die
Frage der Repräsentation. Auf diese Weise soll jener Dialog
weitergeführt werden, der sich seit dem Erscheinen von
Euroislam-Architektur. Die neuen Moscheen des Abendlandes
entsponnen hat. Darum gilt weiter, was 2008 galt: Dieses
Buch plädiert für den Aufbruch.

Die kontinuierliche Einwanderung muslimischer Menschen nach Europa vom Ende des Zweiten Weltkrieges bis heute wurde von der Mehrheitsgesellschaft lange verdrängt. Am Rand des abendländischen Gemeinwesens, oft als billige Arbeitskräfte in unattraktiven, gefährlichen Tätigkeitsfeldern der Industrie, ausgeschlossen durch mangelndes Sprachvermögen, waren diese Menschen ein scheinbar temporäres Phänomen, das sich mit ihrer Rückkehr in die Heimat erledigen würde. Das änderte sich in dem Moment, da die »Gastarbeiter« beschlossen, in ihren Gastländern zu bleiben. Verlässliche Zahlen gibt es nicht, meist wird von rund 15 Millionen Muslimen in Europa gesprochen, einem Anteil von drei bis vier Prozent bezogen auf die Gesamtbevölkerung. Sie sind entweder europäische Staatsbürger und Teil der »westlichen« Gesellschaft geworden oder teilen — indem sie ihrem eigenen Lebensstil folgen — zumindest mit dieser Gesellschaft das geographische Terrain.

Dem staatsrechtlichen, formalen Akt einer bürgerschaftlichen Anerkennung, die mit der Übergabe eines Ausweises durch einen Beamten meist recht unglamourös abläuft, folgt keinesfalls die kulturelle oder religiöse Neutralisierung. Im Gegenteil: Viele Neueuropäer machen von einer zentralen europäischen Errungenschaft gebrauch, dem Recht auf freie Religionsausübung. Das bedeutet, dass geeignete Orte gefunden werden müssen, um Ritus und Kultus zu pflegen. Die Gastarbeitergeneration konnte sich noch mit notdürftig eingerichteten Gebetshäusern in der Fabriketage abfinden. Aber wer endgültig an einer Stätte bleiben will, sucht ein angemessenes Haus, in dem er zu Gott beten kann. Dieser Wunsch hat zunächst einmal pragmatische Gründe. Erst in zweiter Linie ist er politisch zu verstehen.

Der Entschluss, eine Moschee zu bauen oder Geld für den Bau einer Moschee zu spenden, ist für einen Eingewanderten immer ein doppelter Akt der Bekenntnis. In erster Linie bekennt er sich zu seiner Religion — aber gleich danach auch zu dem Land, in dem er leben und seine Religion dauerhaft ausüben möchte. Ob dieses Bündnis nun bewusst geschlossen wird oder nicht: Dieser Akt verändert den Gläubigen. Und er verändert das Land, in dem er lebt. Es wird sich auf das praktische Verständnis der Religion auswirken und damit Konsequenzen einfordern. Und es wird sich auf die Gesellschaft insgesamt übertragen, weil sie durch ein neues, ungewohntes Element erweitert, bereichert wird. Die Ausgangshypothese dieses Buches lautet entsprechend: Wenn etwas wie ein europäischer Islam im Entstehen ist, so bildet sich mit ihm auch eine entsprechende europäisch-islamische Architektur heraus, die sich in ihren Erscheinungsmustern von bisherigen islamischen Traditionen unterscheidet. Eine neue, selbständige Form der Baukultur, die sich auf die Planung des zeitgenössischen Moscheenbaus genauso niederschlägt wie auf die Identität der Gläubigen.

DAS HISTORISCHE ERBE

Diese These erscheint zunächst allein deshalb schlüssig, weil sich der Islam bei seiner Verbreitung um die Welt immer mit den Kulturen der Länder, in die er vorgedrungen ist, verbunden hat und sich dabei vorislamische Traditionen aneignete. Das war von Beginn an der Fall, wie der Blick auf das zentrale Heiligtum zeigt, die Kaaba in Mekka. Der geheimnisvolle dunkle Stein war bereits den arabischen Stämmen eine Weihestätte gewesen. Nach dem Tod des Propheten wurde ihre Anbetung mit den Riten verbunden: Die Hadsch – die Pilgerfahrt nach Mekka – gehört seither zu den Pflichten eines jeden Gläubigen.

Im syrisch-jordanischen Raum, von dem aus der Islam seit dem 7. Jahrhundert seine weltumspannende Wirkung entfaltete, entstand auch die erste Architektur eigener Prägung. Das früheste bekannte Beispiel religiöser Baukunst, der sogenannte Felsendom in Jerusalem (691–692), dient als Memorialbau nicht dem Gebet. Aber kurz darauf entwickelte sich unter der Dynastie der Omayyaden eine erste verbindliche Gestalt für den Moscheenbau. Ihr Typus gehorcht einem äußerst einfachen Raumschema: Es handelt sich um einen zumeist querrechteckigen oder zentralisierten Raum – unterteilt durch Arkaden oder überwölbt mit einer Kuppel – der nach Mekka gerichtet ist. Diese Orientierung, die dem Gläubigen die Gebetsrichtung vorgibt, wird qibla genannt. Angezeigt wird sie durch eine halbrunde Konche, den Mihrab, in der der Vorbeter, der Imam, Platz findet. Freitags, zum Mittagsgebet, wenn sich nach der Vorschrift alle männlichen Muslime in der Moschee versammeln, predigt er von einer kleinen Kanzel, dem Minber. Mehr als diese Grundausstattung braucht die Moschee ihrem Wesen nach nicht. Denn sie genügt einem pragmatischen, funktionalen Konzept, das auf den gemeinschaftlichen Vorgang des Betens ausgerichtet ist. Von diesem rituellen Vorgang aus – der in seinem Wesen ortsungebunden ist und beispielsweise auch unter freiem Himmel stattfinden kann – ist das Moscheegebäude konzipiert. Ein spezifisches Aussehen oder ein Baustil ist weder im Koran, der Offenbarung, noch in der Sunna, den Handlungsanweisungen des Propheten, niedergelegt.

Auch der Gedanke einer Weihestätte, die Bau und Überbau durch die Anwesenheit des Metaphysischen verbindet, kennt der Islam nicht. Die Moschee ist kein »Gotteshaus«, sondern eine Versammlungsstätte. Dieser Unterschied zum Kirchenbau – vor allem zum katholischen – wird in der Raumform deutlich spürbar, denn obwohl der Betsaal auf das geographische und ideelle Zentrum des Glaubens, Mekka, gerichtet ist, bleibt seine eigentliche Orientierung zentripetal. Er dient als ausgleichender Ruhepol der Gemeinschaft, hier sollen geistige Sammlung, Stille, größtmögliche Konzentration herrschen, unterstützt durch ausponderierte Proportionierung und eine in sich geschlossene Raumform. Wer eine Moschee in Erwartung dynamischer Zugkräfte – zum Altar oder zu Gott – betritt, wie man sie von Kirchenbauten kennt, wird daher nur allzu leicht enttäuscht. Mit den Sakralbauvorstellungen des Abendlandes haben Moscheen nichts zu tun, auch wenn sich ihre Architekten immer wieder mit Kirchen auseinandergesetzt haben.

Für das Äußere von Moscheen indes gelten eigene Maßstäbe. Hier zeichnet sich ihre besondere gesellschaftliche Bedeutung ab, weit sichtbar und selbstbewusst. Hier wird das Thema der Repräsentation und der Manifestation im Stadtraum deutlich. Gerade über diesen Symbolcharakter wird in Europa oft heftig gestritten. Deshalb wird auch im Zusammenhang mit den im vorliegenden Buch diskutierten Moscheen immer wieder die Frage gestellt: Wenn es beim Moscheenbau um Aspekte jenseits der Religion geht – welche sind dies und auf welche Weise finden sie mit Hilfe der Architektur Darstellung?

Diese Frage ist schon daher elementar, weil Moscheen wichtige soziale und religiöse Zentren bilden, die sich genauso prägend auf das gesamte Leben der Gläubigen auswirken, wie auf das städtebauliche und soziale Umfeld. In welcher Weise dies funktioniert zeigt der Blick in die Geschichte. Seit der Entstehung großer, städtischer Moscheen für das gemeinsame Freitagsgebet, die mit der Bezeichnung Dschami (türkisch Camii) von kleinen, alltags genutzten Beträumen (Masdschid) abgegrenzt werden, ist das zentrale Bethaus Teil eines größeren Kultur- und Bildungsbezirks (türkisch: Külliye), der in seiner Organisationsstruktur Klöstern durchaus verwandt scheint. Die Dschami, zumeist aus der Stiftung eines Herrschers hervorgegangen, ist Teil eines Komplexes aus Bädern (Hamam) und Brunnenanlagen, aus Unterkünften, Handelszentren (Karawanserei), Armenküchen, Koranschulen (Medrese), sie wird durch Gärten und Friedhöfe erweitert, auf denen sich Memorialbauten (Türbe) befinden. Wenngleich sie oft in das Straßengefüge ausgreifen, das an die Dschami angrenzt, sind diese Anlagen städtebaulich klar strukturiert. Über eine Folge von Höfen, kompakt eingefasst durch Arkadengänge, reihen sich die Einrichtungen aneinander. Die Istanbuler Süleymaniye-Moschee

3   Istanbul, Külliye der Süleymaniye-Moschee, erbaut nach 1550, Ansicht und Plan

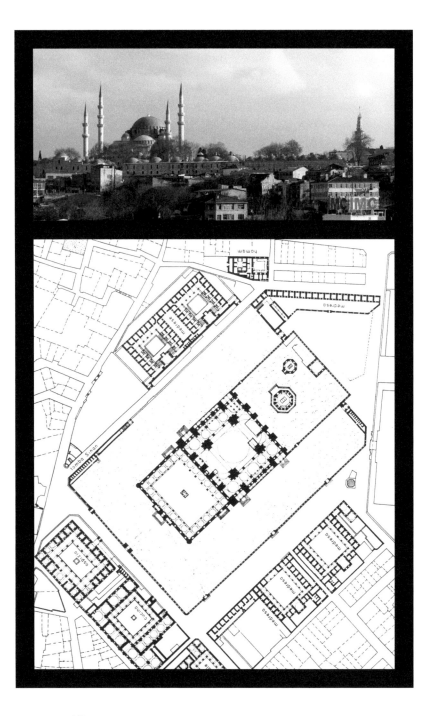

(1551–1557), errichtet unter dem Baumeister Sinan, hat die Komplexität der Külliye in ihrer gesamten Vielfältigkeit mustergültig ausbuchstabiert. → Abb. 3   Ähnliches wird man auch in vielen europäischen Moscheen von weit kleinerem Format finden. Die Külliye ist dann oft zu einer architektonischen Abbreviatur verknappt. Dass ein Bethaus allein für sich steht ist schon deshalb unwahrscheinlich, weil der Imam irgendwo einen Büroraum haben muss, indem er mit den Mitgliedern seiner Gemeinde spricht. Ein modernes Bad, das den historischen Brunnen ersetzt, ist nötig, weil sich die Gläubigen vor dem Gebet waschen müssen. Ein Minimum an Infrastruktur, vorgegeben durch den Ritus der Reinlichkeit, wird der Besucher selbst in den abgelegensten Hinterhöfen der Vorstädte finden, in die sich europäische Muslime zurückgezogen haben, weil sie noch kein Kapital und keinen Bauplatz für einen eigenständigen Moscheenkomplex haben. Und hier gibt es wahrscheinlich auch Räume für den Koranunterricht, einen Kinderaufenthalt, Platz für eine Frauengruppe, für Bücher, für Geselligkeit oder das Totengedenken – kurz: eine Külliye im Miniaturformat.

Mit den ersten repräsentativen Freitagsmoscheen, angefangen mit der Al-Aqsa-Moschee in Jerusalem und der Omayyadenmoschee in Damaskus (706–715), fand das religiös-soziale Programm der Dschami zu einem weitgehend verbindlichen Raumkonzept. An diesem Grundschema, der Typologie, hat der Islam auch dort nicht gerüttelt, wo er im Zuge seiner Verbreitung neuen kulturellen Einflüssen ausgesetzt war. Das Basisschema aus Qibla, Mihrab und Minber ist überall auf der Welt gleich. Die regionalen und zeitlichen Unterschiede liegen, abseits der Kernkonstanten der Glaubenslehre, im Dekor, im Stil und in der Konstruktion. Die maurische Architektur von Al-Andalus, dem islamischen Spanien, kennt flamboyante Ornamente und ineinandergreifende Hufeisenbögen, wie in der Großen Moschee von Cordoba oder der Alhambra in Granada. In maghribinischen Nordafrika findet man trutzige Glaubensburgen und viereckige Minarette, die wie Schlote in den Himmel ragen. Die

Osmanen wiederum haben durch die Auseinandersetzung mit der byzantischen Architektur, vor allem der Hagia Sophia in Istanbul, das Schema des Kreuzkuppelbaus weiterentwickelt und auf eigene Weise islamisiert. Im Iran — Teheran, Isfahan, Tabriz, Qom — finden sich die bunt aufragenden Kuppelhelme mit umlaufenden Koranversen aus Mosaik. In Indien schließlich — symbolisiert durch das Taj Mahal (1632–1648) — sind die Kuppeln zwiebelförmig, die Portalwände (Iwane) geschmückt durch Details, die dem lokalen Formenrepertoire entlehnt wurden.

Wie also sieht die logische Konsequenz dieser Aufzählung islamischer Baukunst aus, wenn man sie in das zeitgenössische Europa fortführt? Das eindrucksvolle architekturhistorische Defilee zeigt, dass es, bei aller religiösen und typologischen Konstanz, eine Entwicklung gibt. Sie hängt von den kulturellen und klimatischen Rahmenbedingungen ab, von der Mentalität und den Gewohnheiten der Bauherren und der Nutzer. So gesehen erscheint es unvermeidlich, dass eine neue Moschee in Dänemark anders aussieht, als ein Bauwerk, das vor fünfhundert Jahren in der Türkei entstand. Ob sich indes im Laufe der letzten dreißig Jahre ein eigenständiger, zeitgemäß-europäischer Moscheenbau etabliert hat, der tatsächlich von historischen, nicht-europäischen Ausdrucksformen abweicht, wird im Folgenden zu diskutieren sein. Um die Entwicklungen besser einschätzen zu können, sei an dieser Stelle ein knapper Rückblick eingefügt, der den europäischen Moscheenbau vom Ende der Türkenkriege im 18. Jahrhundert bis in die letzten Jahrzehnte des 20. Jahrhunderts umfasst.

ROMANTIK UND EXOTIK

Zum ersten Mal finden sich in Europa islamisch anmutende Bauwerke als Pavillons in der Gartenarchitektur des Rokoko. 1762 entwarf Sir William Chambers für die Kew Gardens in London eine »Turkish Mosque«: ein kompakter überkuppelter Saalbau mit zwei symmetrisch angestellten Minaretten. Für das Verständnis zentral ist der Kontext, in dem der Bau entstand. Denn Chambers stellte die »Moschee« in einen größeren Zusammenhang von modellhaft verkleinerten Bauwerken der Weltarchitektur, die damals zum Repertoire der zeitgenössischen Gartenarchitektur hinzugehörten. Hier finden sich griechische Tempel und römische Ruinen genauso, wie ein Bau im maurischen Stil, genannt »Alhambra«. Hinzu kommt die steil aufragende »Pagode« des »Chinesischen Gartens«, die auf zeitgenössischen Stichen des Landschaftsgartens meist zusammen mit der Moschee abgebildet ist. → Abb. 4

Die Moschee von Kew Gardens war also nicht als islamisches Bethaus gedacht, sondern diente als bildhafte Chiffre exotischer Kultur. Moschee, Pagode und Alhambra sind hierbei austauschbar, denn sie fordern nicht zur Auseinandersetzung mit konkreten Inhalten des Islam und des Buddhismus auf, sondern appellieren an den Assoziationshorizont der flanierenden Gartenbesucher. Sie sind architektonische Divertissements, rätselhaft-erbauliche Ruhestätten auf dem Weg durch den Park. Für die Rezeption der islamischen Architektur in Europa freilich hatte dies Folgen. Bei der Instrumentalisierung der »Moschee« als gebautes Bild gingen Vereinnahmung und Vereinfachung Hand in Hand. Die Aneignung durch eine Zweckentfremdung, die man als Profanisierung und kulturelle Neukontextualisierung beschreiben kann, zeigt sich bereits in der Reduktion auf die Äußerlichkeit. Die »Moschee« wird geradezu formalistisch auf wenige typische Merkmale reduziert, um den abendländischen Vorstellungen des Märchenhaft-Exotischen zu genügen. Bereits hier ist die europäische Vorstellung von der

4 William Chambers: »Moschee« im Park von
Kew Gardens, 1762

»Moschee« zu jenem Klischee geronnen, das man noch heute auf Protestplakaten gegen Moscheenneubauten findet: dem überkuppelten Bauwerk mit angestelltem Minarett.

Chambers' Initialbau machte das vermeintlich islamische Formenrepertoire in Europa beliebig verfügbar und löste eine regelrechte Mode aus. Die »Moschee« avancierte zum idealen Gehäuse für den Transport exotischer Vorstellungen, wie drei weitere Beispiele dokumentieren. In der kleinen süddeutschen Residenzstadt Schwetzingen übernahm der französische Hofarchitekt Nicolas de Pigage 1775 die Formen aus Kew Gardens und montierte sie, dem Vorbild ähnlich, als point de vue in eine ausgedehnte Parkanlage. In Potsdam wiederum verkleidete Ludwig Persius, der Architekt des preußischen Königs Friedrich Wilhelm IV., die Pumpstation für die Wasserspiele von Sanssouci 1842 in den Formen einer Moschee. Das Minarett dient als Schornstein, um die Abgase der Dampfmaschine im Innern abzuleiten. → Abb. 5 In Dresden schließlich entstand 1907 eine Tabakfabrik mit dem Namen »Yenidze«, die mit einer kolossalen Glaskuppel in orientalischen Formen bekrönt ist. Die Zigarettenmarke, die hier produziert wurde, hieß entsprechend »Salem«, abgeleitet vom islamischen Gruß »Salem aleikum«. Es sind romantische Vorstellungen vom Islam, befeuert noch durch die damals beliebten Orientromane Karl Mays, die hier mit Hilfe von architektonischen Versatzstücken zum »Branding« für Konsumgüter genutzt wurden. Noch in den 1930er Jahren − ehe die Werbeindustrie auf die amerikanischen Mythen von Cowboy und Freiheit umschwenkte − war das Zigarettenrauchen mit dem Morgenland verknüpft. In Deutschland gab es gar eine Marke namens »Moslem«.

Die in groben Zügen charakterisierte Entwicklung ist auch aus heutiger Perspektive essentiell, da sie die europäische Vorstellung vom muslimischen Bethaus weiterhin prägt und damit auf den Bau tatsächlicher Moscheen zurückwirkt. Das religionslose romantisch-exotische Idealbild des Morgenlandes − der Literaturwissenschaftler Edward Said

5 Ludwig Persius: Dampfmaschinenhaus
Potsdam, 1842

beschrieb es als »Orientalism« – beeinflusste daher am Ende des 19. Jahrhunderts auch die Gestalt religiöser islamischer Architektur in Europa. Die erste abendländische Moschee, die als Zentrum einer aktiven Gemeinde errichtet wurde, war die Shah Jahan Mosque im englischen Woking. → Abb. 6 Ihr Entstehungsjahr 1889 scheint den Rückgriff auf ein Formenvokabular fremder Herkunft (Indien / Pakistan) und vergangener Zeit (16./17. Jahrhundert) zu rechtfertigen. Auf dem Höhepunkt der Victorian Revivals, einer Periode der architektonischen Formensuche, die für sämtliche Bautypen den Historismus anwandte, lässt sich auch die stilisierte Verklärung einer Moschee aus der europäischen Architektur-theorie der Zeit erklären.

STRATEGIEN DER AUSGRENZUNG

Doch schon in den 1920er Jahren geriet die Anpassung des europäischen Moscheenbaus an den herrschenden Zeitstil ins Stocken, wie die Grande Mosquée de Paris verdeutlicht. Sie wurde 1926 fertiggestellt, zu einer Zeit also, da die Moderne längst ihre prägende Wirkung entfaltet hatte, beispiels-weise auf den christlichen Sakralbau. Doch der eindrucksvolle Moscheenkomplex, der in seiner Größe und Nutzungsvielfalt historischen Külliye-Anlagen kaum nachsteht, folgt in seiner Formensprache akribisch den Vorbildern maurischer und maghrebinischer Baukunst der Vergangenheit. Die Haupt-moschee der französischen Muslime, vom Staat für die Gefallenen französisch-islamischen Soldaten des Ersten Welt-kriegs errichtet, erscheint damit doppelt entkontextualisiert: Sie ist aus dem Raum und aus der Zeit gefallen. Sie zemen-tiert den romantischen Blick auf den »Orientalismus«, indem sie ihn auf eine aktive gegenwärtige Religionsgemeinschaft projiziert. Das »gebaute Bild« des Islam wird damit program-matisch von der Gegenwart abgekoppelt. Der Bau von Paris ordnet den Islam symbolisch in die Epoche der Vormoderne ein. → Abb. 7

6   William Chambers: Shah Jahan Mosque,
Woking, 1889

7   Grande Mosquée de Paris, 1926

Es lohnt sich, die Große Moschee von Paris eingehend zu behandeln, denn der Publizist Moustafa Bayoumi hat am ihrem Beispiel offengelegt, auf welche Weise Exotismus und Kolonialismus auf den europäischen Islam, seine Praxis und seine Bauten einwirken können:

»La grande mosquée war nicht allein ein wohlfeil nach Paris verbrachtes Stück Kolonialismus; es war auch ein Beispiel für die moderne Kunst von Zurschaustellung und Überwachung. Kulturdifferenz als symbolisches Kapital vermarktet, wie man es in der Großen Moschee betrieb, hatte die Funktion, die Pariser Muslime als Teil einer kolonialen Idee einzuhegen: Hier allein sollte der Ort sein, an dem der Islam seine Berechtigung hatte, als angemessener Teil eines kolonialen Projekts, das stärker wirkte als jemals zuvor – und dieses so kurz vor seinem Niedergang. Die Entscheidung der französischen Staatsmacht, den Parisern den Islam als Spektakel darzubieten, korrespondierte daher direkt mit dem Wunsch, den Islam und seine Werte unter eine definitorische Staatskontrolle zu stellen. Um diese zu errichten und aufrechtzuerhalten sah man sich veranlasst, die Identität selbst zu durchleuchten, die Muslime mit offenen Augen zu beobachten, ihr Tun zu regulieren. Insofern kann die Mosquée als Ausdruck für den Wunsch verstanden werden, Identitäten innerhalb eines städtischen, eines staatlichen Gesellschaftsgefüges zu fixieren und deren eigendynamische Umwälzungs- und Veränderungsprozesse vor fremden Blicken zu verbergen.«

Was zynisch klingt hat einen tatsächlichen Hintergrund: Wie der vom Sender »Al Jazeera« produzierte Dokumentarfilm »Muslims of France« belegte baute der französische Staat die große Moschee als neues islamisches Religionszentrum auch deshalb, um die Aktivitäten der in Frankreich lebenden Muslime besser überwachen zu können.

Ob mit politischer Absicht oder durch unreflektierte Romantisierung: Aus europäischer Perspektive wird der Islam bis auf den heutigen Tag mit exotischen Vorstellungen verknüpft – und nichts anderes bekunden zahlreiche

8   Schramm und Elingius: Moschee Hamburg, 1963
9   Molenaar und Van Winden: Essalam (Al Maktoum)-Moschee, Rotterdam 2010

europäische Moscheenbauten. In Hamburg etwa entstand in den 1960er Jahren eine – durch iranischstämmige
Kaufleute finanzierte – Moschee, die ihre Betonkuppelkon-
struktion hinter dem bunten historisierenden Eingangsiwan
versteckt. → Abb. 8   Im Rotterdamer Stadtteil Feijenoord
errichtete das Architekturbüro Molenaar und van Winden
zwischen 2000 und 2010 die Essalam-Moschee – mit vier
Hauptgeschossen und einem Betraum für 1500 Menschen
der größte islamische Neubau der Niederlande – als
postmoderne Paraphrase verschiedener historischer
Moscheenbauformen und -stile. → Abb. 9   Geradezu plakativ
signalisiert der Bau »I am a Mosque«, indem er die gleichen
Mittel zur Anwendung bringt, wie sie William Chambers Gar-
tenfolie aus dem 18. Jahrhundert kennzeichnen: Kuppel
und Minarett sind seine markantesten unübersehbaren
Charakteristika.

Mit dem Entwurf der ab 1970 errichteten Londoner
Central Mosque rückte auch der renommierte Planer Frederick Gibbert nicht vom diesem Schema ab, versuchte aber,
das aus der Historie entlehnte Formenrepertoire mit der
Moderne zu versöhnen. Mit welcher Vorsicht dies geschah
zeigt der Vergleich zwischen Central Mosque und Gibberts
ungleich avancierterer Roman Catholic Cathedral in Liverpool (1962–1967). Während Gibbert für die katholische
Minderheit einen Raumtyp schuf, der den modernsten litur-
gischen Bedürfnissen nach dem Zweiten Vatikanischen Konzil
gerecht wurde, gleichzeitig die konstruktiven Möglichkeiten
des Betons in die bildhafte Bauform einer Dornenkrone
überführte, blieb der Innovationsgeist in seinem Bau für
die muslimische Minderheit weit hinter den Möglichkeiten
zurück. Das zeitgenössische Element der London Central
Mosque schlägt sich allein in der formalen Vereinfachung
historischer Ornamentik nieder, in einer in der islamischen
Kunst ohnehin angelegten Abstraktion also – die man dort
bereits lange vor der Moderne kannte. Die Überwindung der
»romantischen« Moschee bietet das Londoner Beispiel indes
nicht. → Abb. 10, 11

10 Frederick Gibbert: London
Central Mosque, 1970
11 Frederick Gibbert: Liverpool
Roman Catholic Cathedral, 1967

12 Paolo Portoghesi: Moschea di Roma,
Deckenkonstruktion, Entwurf 1974

Das gilt auch für die von der Stadt Rom errichtete Zentralmoschee, mit ihrem virtuosen Spiel aus Verweisen, die neben »islamischen« Zitaten und Referenzen an historische Moscheentypologien auch Assoziationen an die italienische Renaissancearchitektur verarbeitet – ein Musterbeispiel für die Postmoderne. Planungsbeginn war 1974, die Fertigstellung erfolgte Mitte der 1990er Jahre und der weit außerhalb der Innenstadt errichtete Bau gilt mit seinem kolossalen Betsaal für rund 12.000 Gläubige als eine der größten Moscheen Europas. Besonders charakteristisch für Paolo Portoghesis Entwurf ist die fast barocke Raumschwingung durch ausladende, maurisch (also historisch) inspirierte Ornamente, die als Tragkonstruktion der Decke fungieren. → Abb. 12   Ähnliche Moscheenbauten lassen sich in vielen europäischen Großstädten finden. Wie in Paris, London oder Rom sind sie oft im öffentlichen Auftrag entstanden und wurden durch Spenden aus dem islamischen Ausland unterstützt. Planung und Ausführung der Entwürfe gehen auf abendländisch geprägte Architekten zurück – und deren Vorstellung vom Moscheenbau ist offensichtlich stark vom romantischen Ideal bestimmt.

POLITISCHE REPRÄSENTATION

Erstaunlich in diesem Zusammenhang erscheint, dass das romantische Modell von islamischer Seite nicht nur wohlfeil akzeptiert, sondern oft sogar übernommen und fortgeschrieben wird. Denn auch zahlreiche Moscheen, die in den letzten Jahren ohne direkten Eingriff der jeweils zuständigen Verwaltung entstanden sind fügen sich in das »orientalistische« Muster. Damit bestätigen eingewanderte Muslime althergebrachte europäische Klischees und begeben sich freiwillig in die Rolle des »Fremden«. Das entspricht ihrer Selbstauffassung insofern, als sie sich – aus unterschiedlichsten Gründen – tatsächlich in Europa lange fremd fühlten und diese Erfahrung ihren hier geborenen Kindern und Kindeskindern weitergeben. Ein exotisches Bauwerk, das als Besonderheit aus dem europäischen Stadtkontext herausfällt, wirkt für die Gläubigen nicht nur als Monument der Erinnerung an die verlorene Heimat, sondern auch wie das Abbild einer Lebenssituation, der ein gewachsener kultureller Zusammenhang fehlt. Kuppel und Minarett, entrückt in die europäischen Vorstädte, werden zu sichtbaren Symbolen der Desintegration. Die geistige Gefangenschaft in einer historisch und geographisch deplatzierten Vorstellungswelt hat kulturelle und religionspolitische Folgen auf Seiten der Muslime wie der Nichtmuslime, denn sie führt dazu, dass der notwendige Annäherungsprozess gedrosselt, ja unmöglich gemacht wird: Die im 18. Jahrhundert festgelegten Rollenmuster von Morgen- und Abendland haben sich wechselseitig verfestigt – und dies zu einer Zeit, da gerade in Europa die Bedeutung von Glaube und Religion stark zurückgegangen ist.

Beispielhaft kann man diesen Vorgang in Marseille beobachten, wo bis 2015 die geräumigste Moschee Frankreichs (mit einem Betsaal für ca. 7.000 Gläubige) seit dem Bau der großen Moscheen von Paris (1926) und Evry (1984–1994) entstanden ist. Nach langem planerischen und organisatorischen Vorlauf vermittelte die Stadtverwaltung der Gemeinde 2007 einen Bauplatz auf dem ehemaligen Schlachthofgelände des Quartier Saint-Louis. Zur Entwurfsfindung lobte man noch im gleichen Jahr einen internationalen Architektenwettbewerb unter neun Teilnehmern aus, von denen fünf Teams Vorschläge einreichten. Die Jury bestand aus professionellen Fach- und Sachpreisrichtern der Disziplinen Architektur, Städtebau, Theologie und aus Vertretern der Gemeinde. Sie entschieden sich – nota bene – einhellig für das konventionellste Konzept, eingereicht durch das Marseiller Bureau Architecture Méditerranée: Eine kompakte Anlage, die in ihren Formen, Proportionen und Materialien unverkennbar von den historischen Moscheenbauten des Maghrib abgeleitet ist, jener nordafrikanischen Region, aus der die meisten Marseiller Muslime stammen. → Abb. 13 Während Baudetails gestalterisch vereinfacht erscheinen,

13 Bureau Architecture Méditerranée:
Moschee Marseilles, Entwurf 2008

wird die vorsichtige Abstraktion durch »sprechende« Details, wie Hufeisenbögen und geometrische Ornamente – Versatzstücke des romantischen Orientalismus – genauso relativiert, wie durch die Großform mit ihrem markanten Turmminarett.

Gerade im Hinblick auf die Frage nach der symbolischen Form als Mittel politischer Repräsentation ist es wichtig, die Zusammenhänge des europäischen Moscheenbaus über die Architektur hinaus zu betrachten. Denn die Entwicklungen sind nicht ohne den prägenden Einfluss von außen zu denken – durch die einstige Herkunft der Gläubigen genauso wie durch die Baufinanzierung, die oft mittels internationaler Spenden erfolgt. Wenn sich eine bauwillige Gemeinde um Unterstützung an eine islamische Organisation wendet kann dies mit dem Verlust der Autonomie einhergehen. Dass daher unter europäischen Muslimen der Anspruch auf die »kirchenrechtliche« Gleichstellung ihrer Religion diskutiert wird, erscheint aus dieser Erfahrung heraus konsequent und richtig. Dieser Schritt würde die europäischen Verwaltungen in die Pflicht nehmen, die finanzielle Unterstützung der Gemeinden über Steuern zu sichern. Das könnte den Gemeinden nicht allein eine kontinuierliche theologische und soziale Arbeit ermöglichen – und zwar unabhängig von internationalen Einflüssen und in Absprache mit den lokalen Behörden –, sondern ihnen auch bei Bauvorhaben den Rücken freihalten. Der Herausbildung einer europäischen Form des Islam wäre dies fraglos dienlich, weil die rechtliche Debatte zwangsläufig den breiten gesellschaftlichen Diskurs nach sich zieht, der auf Muslime und Nichtmuslime zurückwirken und im besten Fall Grundlagen für ein wechselseitiges Miteinander hervorbringen kann.

Der Aspekt internationaler Vernetzung beim Moscheenbau ist mittlerweile von der europäischen Politik zur Kenntnis genommen worden. In Frankreich hat man sich für eine Quotenregelung entschieden. Für den Bau der Marseiller Moschee etwa hat die Stadtverwaltung Finanzierungskontingente verteilt. Wollten ein Land oder eine

Organisation stiften, so war dies nur bis zu einer Höhe von 30 Prozent des gesamten Bauvolumens möglich. Das wurde im slowenischen Ljubljana komplett anders gehandhabt. Für die neue Moschee dort kamen 15 Millionen Euro Baugelder aus Katar – rund 70 Prozent der veranschlagten Gesamtsumme. Eine einheitliche europäische Regelung ist über verhaltene religionspolitische Vorstöße in Frankreich, Österreich und die Niederlande hinaus derzeit nicht in Sicht. Das mag einerseits am fehlenden Willen der partei- und staatspolitischen Institutionen liegen, die durch das Erstarken der Rechtpopulisten unter Druck geraten sind. Es mag andererseits aber auch an der Vielschichtigkeit des Islam und seiner im Wesen zellularen Organisationsform der Einzelgemeinden liegen, deren Dachverbände und Zentralinstanzen oft nur einen geringen Teil der Gläubigen vertreten. Das führt dazu, das die jeweiligen Staaten, Gemeinden und Verwaltungen, in denen Moscheen errichtet werden, nur schwerlich zu allgemein akzeptierten, rechtlich bindenden Lösungen kommen können, die auch von allen dort lebenden Muslime ausgehandelt, geschweige denn akzeptiert würden.

An einem Beispiel sei gezeigt, wie die Frage nach der Baufinanzierung eine muslimische Gemeinde vor die Zerreißprobe stellen kann, etwa wenn die Freigiebigkeit einer externen Stiftung an konkrete Forderungen geknüpft ist, wie den Wunsch, den Religions- und Koranunterricht zu regulieren oder Imame einer bestimmten theologischen Prägung einzusetzen. Ein solcher Vorgang überschattete den Bau der Essalam-Moschee in Rotterdam, der im Jahr 2000 ursprünglich von einer mehrheitlich marokkanisch geprägten Gemeinde vorangetrieben worden war. Die Prinzen von Dubai, Scheich Hamdan und Mohammad bin Rashid al-Maktoum, unterstützten das Bauvorhaben mit einer großzügigen Spende. Als im Sommer 2005 der Rohbau beinahe abgeschlossen war, wandten sich die Marokkaner an die Öffentlichkeit. Im Gemeindevorstand, so hieß es, habe es personelle Verschiebungen gegeben, bei denen Araber bevorzugt worden seien. Auch die Ausrichtung der Gottesdienste und die Predigten wandelten sich zugunsten einer ungewohnt konservativen Religionsauffassung. Viele Gläubige fühlten sich betrogen, weil sie sich die Gelder für »ihr« neues Gebetshaus am Mund abgespart hatten und nun die Verdrängung befürchteten. Das führte so weit, dass es auf der Baustelle zu Gewaltausbrüchen und Schlägereien zwischen rivalisierenden Gemeindemitgliedern kam. Mit dem Abschluss der Bauarbeiten kam die Spaltung der Gemeinde. Die Essalam-Moschee heißt heute offiziell »Al-Maktoum Islamic Center«.

Es sei an dieser Stelle betont, dass die Vorgänge von Rotterdam eher die Ausnahme als die Regel sind. Denn manch arabischer Scheich unterstützt ein Moscheebauvorhaben in Europa, ohne dass es dabei zu Beeinflussungen und Zerwürfnissen käme. Wo Friktionen auftreten mögen sie auch Folge einer Eigendynamik innerhalb der Gemeinde sein, die bereits angelegt war. Und dort, wo sie ausbleiben, können Dank äußerer Hilfe Bauten entstehen, die den selbstgewählten Ausdruck einer Glaubensgemeinschaft darstellen, die sich innerhalb der verschiedenen islamischen Strömungen, Traditionen, Schulen und Sekten entweder autonom begreift oder in einem ganz bestimmten Verhältnis zu Dachorganisationen, Staaten, Spendern oder anderen Glaubensgemeinschaften steht und dies auch kenntlich macht. Der jeweilige Standpunkt beeinflusst dann auch die Gestalt der Bauwerke.

NATIONALISMUS UND FORM

Die mit Abstand größte Gruppe islamischer Einwanderer in Nordwesteuropa stellen Menschen aus der Türkei. Die meisten von ihnen kommen aus dem anatolischen Teil des Landes und entstammen einer bäurisch geprägten Kultur. Frömmigkeit und alltäglicher Umgang mit dem Glauben sind in diesem Milieu fest verankert, oft gepaart mit einer Liebe zur verlorenen Heimat, die sich zu einem regelrechten Diaspora-Nationalismus auswachsen kann, sich aber auch in dem Bedürfnis offenbart, die religiösen Stätten in betont »türkischen« Formen zu errichten. Schon an ihren Namen lassen sich die türkischen Moscheen Europas leicht identifizieren. Sie heißen wie die osmanischen Vorbildbauten des 15. und 16. Jahrhunderts mit ihren Kuppelgebirgen oder sind nach den Helden aus der Geschichte benannt: Süleyman (nach dem Sultan), Mevlana (nach dem sufischen Mystiker), Mimar Sinan (nach dem Architekten), Selimiye und Aya Sofia (nach den großen Bauten in Edirne und Istanbul) oder einfach selbstbewusst Fatih (»Eroberer«), nach dem Beinamen, den Mehmet II. durch die Einnahme Konstantinopels 1453 erhielt. Die Bezeichnungen allein dokumentieren die Überlagerung von Islam und Nationalismus — und dieses Phänomen ist nicht nur dem engen Zusammenhalt der Auslandstürken geschuldet, sondern wird von der türkischen Staatsregierung systematisch gesteuert. Dies geschieht durch die Religionsbehörde Diyanet İşleri Başkanliği, kurz Diyanet (»Frömmigkeit«), die dem Ministerpräsidenten direkt unterstellt ist. Der Grat zwischen Unterstützung und Beeinflussung ist dabei schmal und auch für die Beteiligten oft nicht leicht zu erkennen: Diyanet reguliert Glaubensfragen, ernennt und entsendet Imame, bereitet Predigtinhalte vor, kontrolliert den Religions- und Integrationsunterricht der Auslandstürken und tritt in der ganzen Welt als Bauherrin für die Moscheen türkisch geprägter Gemeinden auf.

Ihrem Auftrag gemäß funktioniert Diyanet ähnlich wie eine Staatskirche: Sie koppelt religiöse und soziale Fragen an die staatliche Verwaltung. Da sich das türkische Gemeinwesen seit der Republikgründung durch Mustafa Kemal Atatürk 1923 laizistisch definiert, wird die Religion wie eine Sonderform der Kultur behandelt. Sie gehört zu den nationalen Traditionen, ihre Pflege ist identitätsstiftend. Für die Auslandstürken, die eine Moschee der Diyanet besuchen, wird damit der Gottesdienst zum patriotischen Bekenntnis. Bei ihren Neubauten hält Diyanet am überkommenen Moscheetypus fest. Auf diese Weise lässt sich die bildhafte Verbindung zur Heimat herstellen. Wo es die Mittel ermöglichen werden osmanischen Architekturen des 16. Jahrhunderts vari-

iert, aufwendig kompiliert und gar verkleinert nachgebaut.
Oft erschöpfen sich die Bauten allerdings in der äußerlichen
Chiffre »Kuppel plus Minarett«, die derart wichtig erscheint,
dass sie selbst dort umgesetzt wird, wo es zu Konflikten
mit der Bauordnung oder zu ästhetisch unbefriedigenden
Lösungen kommt.

    Als staatliche Organisation hält Diyanet Infra-
struktur, Know-how und Geld für den Bau neuer Moscheen
bereit. Bauwillige Gemeinden in ganz Europa können auf
diesem Weg zu ihrem eigenen Bethaus gelangen – in Deutschland erfolgt dies durch die zur Diyanet gehörige Ditib –,
sofern sie sich dem Regelkatalog des türkischen Staates
unterordnen. Lange Zeit hat Diyanet außerhalb der Türkei
Moscheen ohne Zuhilfenahme von Architekten errichtet. Bei
größeren Bauvorhaben führt die Organisation mittlerweile
Architekturwettbewerbe durch, nicht zuletzt, um den Dialog
zwischen Muslimen, Anwohnern und Behörden zu intensivieren
und mögliche Ängste, die den Bau von Moscheen begleiten
können, früh genug abzufedern. Dass dies nicht immer gelingt,
hat die erbitterte Debatte um die Freitags-Moschee in Köln-
Ehrenfeld gezeigt, eine Külliye en miniature, die gleichzeitig
als Zentralstelle der Ditib fungiert. → Abb. 14   Den Wettbewerb für den 2017 fertiggestellten Bau konnte Paul Böhm
für sich entscheiden, ein Planer, der aus einer legendären
Kölner Dynastie von Kirchenbaumeistern stammt. Auf den
ersten Blick erscheint der Bau modern: Eine durch gekurvte
Glasbahnen aufgelöste Kuppelkonstruktion, flankiert von zwei
fast gedrechselt wirkenden Minaretten und umfangen von
einem strengen kubischen Riegel für die Verwaltung. Doch bei
genauerem Hinsehen wird deutlich, dass es sich um eine Adap-
tion »romantischer« Formen – dem Typus der osmanischen
Kuppelmoschee – handelt. Das mag nicht allein an Böhms
abendländisch geprägter Vorstellung vom Moscheenbau
gelegen haben, sondern auch an den dezidiert politischen
Absichten des Bauherrn Ditib: Westliche Klischees und türki-
scher Nationalismus haben sich in diesem Entwurf vereinigt,
um sich wechselseitig zu bestätigen. Eine vertane Chance,

denn auf diese Weise wurde eine eigenständige Weiterentwicklung des Themas Moscheenbau in Europa verhindert.

Während die beharrliche Referenz an die Glanzzeit osmanischer Macht bei türkischen Auslandsbauten als Corporate Identity wirkt, scheint sie im Land selbst den Religionspatriotismus des Staates gleichsam nach innen zu zementieren. Zahlreiche Bauten unterschiedlicher Größe, die auf verschiedenste Weise auf die Epoche Süleymans und Sinans rekurrieren, sind im letzten Jahrzehnt auch innerhalb der Türkei errichtet worden. Höhepunkt dieser Entwicklung ist die zwischen 2013 und 2017 entstandene Çamlıca Camii, die auf einem öffentlichen, seit den 1980er Jahren unter Naturschutz stehenden Parkgelände oberhalb des Istanbuler Innenstadtteils Üsküdar liegt. Der Bau, unverkennbar ein politisches Monument, ist als direkte Referenz an die historischen Sultansmoscheen zu verstehen, diesmal unter dem Patronat des türkischen Präsidenten Erdoğan, der das Projekt in seiner Eigenschaft als Premierminister 2012 angeschoben hatte: ein gigantischer Neubau, auf einem 65.000 Quadratmeter großen Areal und mit einem veranschlagten Baubudget von 80 Millionen Euro – im Stil der Blauen Moschee mit ihren markanten sechs Minaretten (1609–1617). Ähnlich wie die Überbauung des Gezi-Park (Taksim), die im Juni 2013 massive Proteste hervorrief, sorgte auch die Çamlıca Camii für Polemik unter Intellektuellen und Architekten. Für die Zeitschrift A10 fassten die Autoren Bahar Bayhan und Derya Gürsel die Bemühtheit der baulichen Referenzen genüsslich zusammen: »Die Kuppel mit einem Durchmesser von 34 Metern bezieht sich auf die Zahlenfolge auf den Autoschildern Istanbuls, ihre Gesamthöhe von 72,5 Metern wiederum auf die Anzahl der Nationen, die Istanbul bevölkern (von der halben Nation einmal zu schweigen), und das 107,1 Meter hohe Minarett bezieht sich auf den Sieg von Malazgirt 1071.« Ironie und Sarkasmus freilich helfen wenig. Die Çamlıca Camii ist Realität und wird von offizieller Seite längst als Musterbau gepriesen, dem weitere Beispiele folgen sollen.

DYNAMIK DER MODERNE

Die Flut solcher Bauwerke überdeckt eine andere Strömung türkisch-islamischer Architektur, die sich mit der Republikwerdung etabliert hat: die Moderne. Bereits die Reformen der 1920er Jahre hatten »westliche« Werte für die laizistische Neuausrichtung des Staates verbindlich gemacht, getragen vor allem durch das Militär und die intellektuelle Oberschicht. Deutlichstes Zeichen der Profanierung war die Abschaffung der arabischen Schrift, deren Erscheinungsbild von jeher eng mit der islamischen Religion verbunden ist. Von solchen kulturellen Verschiebungen war auch die Architektur betroffen. Für eine junge Planergeneration wurden Europareisen und Studienaufenthalte in Frankreich und England interessant, Westeuropäer wurden für die Ausbildung von Wissenschaftlern und Ingenieuren an den türkischen Hochschulen angeworben. Spätestens nach dem Ende des Zweiten Weltkrieges war der türkische Moscheenbau auf der Höhe zeitgenössischer Architekturdiskurse. Mit dem Siegeszug der Moderne wurden historische Muster und Typologien entweder den konstruktiven Möglichkeiten der Materialien Beton, Glas und Stahl angepasst oder verschwanden vollständig aus dem Blickfeld der Planer. Anders als der abendländische Kirchenbau, der sich zeitgleich ebenfalls von den Traditionen verabschiedete, sind Gestalt und Raumdisposition der Moschee nicht an liturgische Rahmenbedingungen gebunden. Diese programmatische Freiheit beflügelte in der Nachkriegszeit den experimentellen Zugang. Einige Architekten haben den Typus Moschee dabei vollständig hinterfragt und sind zu erstaunlichen Ergebnissen gekommen.

Der 1938 geborene Cengiz Bektaş hat mit der Etimesgut Camii in Ankara (1964) einen ungewöhnlichen Musterbau geschaffen. → Abb.15   Im Äußeren streng kubisch und abweisend entfaltet sich im Inneren des Betsaals eine subtile Lichtregie. Bektaş erreicht in dem vergleichsweise kleinen Raum eine fast meditative Stimmung, indem er zwischen die geknickten Außenwände und unterhalb der

16   Vedat Dalokay: Schah-Faisal-Moschee,
Islamabad, Entwurf 1969

schweren Dachplatte horizontale und vertikale Schlitze einfügt, durch die das Tageslicht ins Innere dringt und an Wand und Decke entlangstreift. Bektaş konterkarierte mit seinem Bauwerk die gesamte Tradition des Moscheenbaus und stellte ihr ein selbstbewusstes Statement gegenüber, das als Ausdruck des neuen Staates gedeutet werden kann: Bauherr der Etimesgut Camii war das Militär.

Die Aufbruchstimmung der 1960er und 1970er Jahre sorgte dafür, dass die Vertreter der türkischen Moderne in der ganzen Welt gefragt waren, wenn es um den Bau von Moscheen ging. Levent Aksüt etwa zeigte in seinem 1963 entstandenen Wettbewerbsbeitrag für die Londoner Zentralmoschee, wie man Spannbeton und Paraboloidkonstruktionen mit den Anforderungen des islamischen Bethauses verbinden kann. Die 1969 projektierte Schah-Faisal-Moschee im pakistanischen Islamabad – eine der größten Moscheen weltweit –, wurde 1976 bis 1986 nach einem Entwurf von Vedat Dalokay errichtet. Der Bau wird durch seine 40 Meter hohe, aus acht dreieckigen Betonflächen zusammengesetzte Dachkonstruktion dominiert, deren zeltartige Form den riesigen Saal im Innern überfängt. → Abb. 16   Wenngleich das Erbe derartiger Architektur durch die restaurative Politik der Diyanet heute zunehmend aus dem öffentlichen Bewusstsein verdrängt wird ist es in der Planungskultur durchaus weiter präsent, wie drei Beispiele illustrieren sollen.

Mit den Geldern des Immobilienunternehmens Soyak Toplu Konut A.Ş. entstand inmitten des Istanbuler Neubau-Vororts Ümraniye 2003–2004 die Refiye-Soyak Camii nach dem Entwurf von Mutlu Çilingiroğlu (geboren 1947). Der kubische Baukörper mit seinem einfachen Pyramidendach und dem abgerückten Minarett erinnert an die Form historischer Dorfmoscheen. → Abb. 17   Der Bezug mag insofern naheliegen, als die Wohngebiete der Istanbuler Banlieue von Menschen aus kleinstädtisch geprägtem Milieu besiedelt sind, die das Land verliessen, um in der Großstadt Arbeit zu finden. Im Gegensatz zu der von Diyanet favorisierten Strategie einer Aneignung und Imitation älterer Formen

17 Mutlu Çilingiroğlu: Refiye-Soyak Camii,
Istanbul, 2003–2004

interpretierte Çilingiroğlu die Typologie aus dem Geist der Gegenwart heraus neu. Von seinen Vorbildern unterscheidet sich der Bau nicht allein in Größe und Materialität, sondern auch durch die Gestaltung: Das Innere prägen formale Reduktion und Verzicht auf Ornament. Wände, Decke, Mihrab und sämtliche Ausstattungsstücke sind weiß gefasst. Nach oben hin wird der Saal durch eine pyramidal ansteigende Deckenkonstruktion abgeschlossen, deren Fußpunkt hinter das breite Gesims der runden Deckenöffnung zurückversetzt ist und damit für den Betrachter unsichtbar bleibt. Die dadurch entstehende geheimnisvolle Schwebewirkung – verstärkt noch durch den dunkelgrünen Anstrich und die golden hervorstechenden Kalligraphien – sorgt für eine geradezu meditative Raumwirkung.

Die 2006 am Rand von Ankara errichtete Mogan Gölü Camisi wiederum, ein Werk des 1966 geborenen Hilmi Güner, ist mit 300 Quadratmetern Grundfläche ein intimes Bauwerk, das durch seine subtile, konsequent durchgearbeitete Inszenierung auffällt. → Abb. 18   Auf dem höchsten Punkt einer Hangkante, umgeben von einem Sockel aus Natursteinquadern, wirkt der Bau wie ein kompaktes Monument der Moderne. Form und Materialität sind feinsinnig aufeinander abgestimmt: Die Front ist in strahlendem weiß gehalten, der natursteinverkleidete Betsaal ist rückwärtig durch großflächige Glasbahnen geöffnet, sodass der stützenfreie Raum im Innern von Tageslicht durchflutet wird. Die Strenge der äußeren Komposition erscheint durch das Spiel von Licht und Schatten aufhoben, das durch einen mehrschichtigen Wandaufbau und die über die Grenzen des Kubus vorgeschobenen Wandscheiben entsteht, die ein dreidimensionales, sich dynamisch gen Himmel steigerndes Linienraster bilden, das seinen Höhepunkt im seitlich angestellten Minarett findet. Man mag die schlotartige Form zunächst für eine Referenz an den Industriebau halten – und damit an die Baukunst der klassischen Moderne, die sich in ihrer Selbsthistoriographie auf den Industriebau berufen hatte, um die elementare, schmucklose Form zu rechtfer-

18 Hilmi Güner und Hüseyn Bütüner: Mogan Gölü Camisi,
Ankara, 2006

tigen. Im Kirchenbau entstanden damals radikale Statements wie J.J.P. Ouds Kirche in der Rotterdamer Siedlung de Kiefhoek (1926) und Rudolf Schwarz' Aachener Fronleichnamskirche (1930), die auf kompromisslose Weise jegliche überlieferte Sakralbautypologie verwarfen. Über die Grenzen der Baugattung hinweg scheint sich Hilmi Güner mit solchen Werken auseinandergesetzt zu haben, um aus dem Vokabular der klassischen Moderne heraus die Gestaltungsmöglichkeiten des Moscheenbaus weiterzuentwickeln. Dass dies unter Einbeziehung von Formen und Typologien jenseits tradierter Moscheenarchitektur geschah, zeigt die Verwandtschaft mit der fast fünfzig Jahre älteren Etimesgut Camii. Während hier als Verweis auf den Bauherrn die Referenz des Bunkers — also der militärische Schutzarchitektur — aufgerufen worden war, scheint es im Fall der Mogan Camii angesichts der heutigen Situation eher um die Selbstverortung zeitgenössischer Architektur gegangen zu sein.

Mit der 2013 eröffneten Sancaklar Camii des 1963 geborenen Planers Emre Arolat entstand das Beispiel eines zeitgenössisschen Moscheenbaus, der sich als klares Statement gegenüber dem kulturpolitisch-religiösen Kurs der Regierung verstehen lässt. Finanziert aus Privatmitteln einer wohlhabenden Familie liegt die Moschee in einem Einfamilienhaus-Siedlungsgebiet der Upper Class, weit außerhalb der Istanbuler Kernstadt, oberhalb des Büyükçekmece-Sees. Der Bau ist auf atemberaubende Weise mit der Landschaft verschmolzen, indem der eigentliche Betsaal in den Hügel eingegraben wurde. → Abb. 19   Um ins Innere der Moschee vorzudringen, muss der Gläubige zunächst den Gartenbereich des Komplexes durchqueren, über grobe Steinquader den Schlund eines amphitheatralisch geschwungenen Trichters hinabsteigen, um unter der Erde anzukommen. Zwar scheint die unbändige Natur der geometrischen Ordnung der Architektur, einer schöpferischen Formung von Raum und Zeit, zu weichen. Doch eine elementare, urwüchsige Kraft bestimmt auch die Atmosphäre des Betsaals. Die gestufte Decke lastet schwer, durch einen Lichtschacht, der ein Gleißen in die

Untiefen des grottenartigen Raumes bringt, ist sie von der betonierten Qiblawand geschieden. Fast erscheint Arolats Szenographie zu drastisch, in ihrem Pantheismus zu plakativ, weil das Raum- und Körpererlebnis des Gläubigen in einer Weise im Vordergrund steht, dass man von Mystik sprechen müsste, um der Erfahrung gerecht zu werden. Aber vielleicht ist dieser Überschwang dem hier artikulierten Selbstbe-wusstsein geschuldet, dass es die geballte künstlerische Kraft erfordert, um der staatlichen Religions- und Kulturdok-trin zu trotzen. International ist die Botschaft des Baues sehr positiv aufgenommen worden: Arolat, der 2010 für den Bau einer Textilfabrik bereits den Aga Khan-Preis erhalten hatte, wurde für die Sancaklar Moschee mit Auszeichnungen regel-recht überschüttet.

Experimenteller zeitgenössischer Moscheenbau ist in der Türkei heute nur durch privates Engagement möglich und spielt sich nahezu ausschließlich an Orten weit jenseits der Stadtzentren ab. Das dürfte politisch gewollt sein, denn es verkompliziert die Zugänglichkeit der Gebäude, die nur einer kulturell interessierten Minderheit der Bevölkerung bekannt werden. So wirken diese Moscheen wie kleine eli-täre Ausnahmebauten – während auflagenstarke Zeitungen regelmäßig über neo-osmanische Großprojekte, wie eben die zentrumsnahe, von der Istanbuler Altstadt hervorragend sichtbare Çamlıca Camii, berichten. Deren Ausführungsent-wurf war übrigens aus einem 2012 abgehaltenen Wettbewerb hervorgegangen, an dem sich auch Vertreter der Avant-garde beteiligt hatten. Das Büro Building Office etwa hatte aus negativen Kuppelelementen eine rätselhaft-gebrochene Großskulptur entwickelt, die auf hohem Sockel – der eigentli-chen Moschee – über die Landschaft herausgehoben werden sollte. → Abb. 20 Das Büro Tuncer Çakmaklı wiederum sah eine Moschee vor, deren konvex geformter Baukörper sich dramatisch in die Höhe entwickelt, gesteigert durch zwei symmetrisch angestellte Minarette. Bethaus und Vorhof sind

19   (nächste Seite) Emre Arolat: Sancaklar Camii, Istanbul, 2013

20 Building Office: Alternativprojekt für die
Çamlıca Camii, Istanbul, 2012
21 Tuncer Çakmaklı: Alternativprojekt für
die Çamlıca Camii, Istanbul, 2012

durch einen kesselartigen Gebäudering zusammengefasst, ein riesenhaftes Gerüst für hängende Gärten, die Landschaft und Bau miteinander verschmelzen sollten. → Abb. 21

DIE GESPALTENE KUPPEL

Blendet man die Türkei aufgrund ihrer Stellung am Übergang zwischen Abendland und Morgenland aus, bleibt Bosnien-Herzegowina das einzige islamische Land Europas. Seit den Eroberungen durch die Türken im 15. und 16. Jahrhundert entwickelte sich hier eine flächendeckende Bautätigkeit, durch die der südliche Balkan mit einer Vielzahl kleiner Moscheen überzogen wurde. Auf den Dörfern finden sich meist einfache Holzkonstruktionen, Saalbauten mit Steildach, durch deren First ein hölzernes Minarett gesteckt ist. Dieser fast archaisch anmutende Bautyp ist genauso eine Variante des türkischen Formenrepertoires, wie die steinerne Moschee der bosnischen Städte, die aus einem würfelförmigen Kuppelsaal mit überwölbter Säulenvorhalle und angestelltem Bleistiftminarett besteht.

Spätestens seit den 1960er Jahren ist — analog zu den Entwicklungen in der Türkei — auch in Bosnien für die Moschee jede denkbare Erscheinungs- und Grundrissform möglich, die der Beton konstruktiv zulässt. Höhepunkte dieser Entwicklung bilden die Bauten des 1929 in Mostar geborenen Zlatko Ugljen. Seine Weiße Moschee (Bijela Džamija), 1980 im Zentrum der kleinen Lederstadt Visoko errichtet, erregte internationales Aufsehen und erhielt 1983 den Aga Khan-Preis. → Abb. 22 Der eigenwillig verschachtelte Baukörper, ausgestattet mit einem von grünen Rohren (deren Biegungen Kalligraphie aufgreift) bekrönten Minarett, liegt hinter den Handelshäusern der Hauptstraße, unauffällig in die zweite Reihe der Stadt gerückt. Das Innere ist ganz auf die Wirkung der Holzeinbauten im weiß verputzten Saal abgestimmt, der in seiner Nüchternheit und Askese wirkt, als habe hier der Architekt versucht, den Typus bosnischer

22   Zlatko Ugljen: Weiße Moschee, Visoko, 1980

Kuppelmoscheen auf seine formale Essenz zu verdichten. Die radikale Abstraktion, die zahlreiche Projekte Ugljens kennzeichnet, macht ihn zu einem der avanciertesten Modernisierer islamischer Architektur überhaupt, dessen Konzepte auch in anderen islamischen Ländern Beachtung fanden.

Die kontinuierliche Entwicklung bosnischer Baukultur hin zu einer eigenständigen Form der islamischen Moderne wurde durch den gewaltsamen Zerfall von Jugoslawien unterbrochen. Territoriale Interessen und ethnische Säuberungen während der Kriege haben bosnische Muslime besonders betroffen, unzählige Moscheen wurden zerstört. Da der Wiederaufbau des zivilen und religiösen Lebens nicht aus eigenen Mitteln erfolgen konnte, sind sämtliche Glaubensgemeinschaften auf dem Balkan zum Gegenstand ausländischen Interesses geworden. Religion, Politik und Wirtschaft bilden dabei ein engmaschiges Geflecht, dessen Verknüpfungen sich in der Bautätigkeit beispielhaft offenbart. Rom unterstützt die Errichtung katholischer Bauwerke, aus Moskau und Athen fließen Gelder zur Rekonstruktion orthodoxer Kirchen. Die bosnischen Muslime wiederum erhalten Mittel von ihren Glaubensbrüdern aus Indonesien und der Türkei. Auch der arabische Einfluss hat sich verstärkt, wie Jasmila Žbanić in ihrem Film »Na putu« (»Zwischen uns das Paradies«, 2006) anschaulich vor Augen führte. Er wirkt sich nicht nur auf die Größe der neuen Moscheen aus, sondern mitunter auch auf ihr äußeres Erscheinungsbild.

In den jugoslawischen Nachfolgestaaten, in denen heute avancierte Positionen zum Zuge kommen, ist Zlatko Ugljens Einfluss genauso spürbar wie das Vorbild der ab 1981 errichteten Moschee von Zagreb. Ihre Planer, Džemal Čelić und Mirza Gološ aus Sarajewo, die auf Entwürfe Juraj Neidhardts (1901–1979), des Doyens der bosnischen Architektur, zurückgriffen, hatten das Kuppelmotiv auf ungewöhnliche Weise verfremdet: Um das Innere des Betsaales zu belichten spalteten sie die parabolisch aufragende Kalotte in drei Teile und verschoben sie gegeneinander. Was statisch gesehen vollkommen widersinnig und irritierend erscheint könnte im

23   Juraj Neidhardt, Džemal
Čelić und Mirza Gološ:
Neue Moschee, Zagreb, 1981
24   Darko Vlahović und
Branko Vučinović: Moschee
Rijeka, 2012
25   Adnan Kazmaoglu: Yesil
Vadi Camii, Istanbul, 2003

Hinblick auf die muslimische Geschichte des Balkans auch symbolisch verstanden werden. → Abb. 23

Das einmal in die Moscheenarchitektur eingeführte Formenspiel entfaltet seine Nachwirkung bis in die Gegenwart. Die 2012 eröffnete Moschee der kroatischen Hafenstadt Rijeka (Entwurf: Darko Vlahović und Branko Vučinović) treibt die Dekonstruktion der Form auf exzentrische Weise weiter, indem fünf verschieden große Kalottensegmente aneinandergereiht sind. Kurven und Krümmungen bestimmen das skulpturale Äußere, das die Architekten gemeinsam mit dem 2009 verstorbenen Bildhauer Dušan Džamonja entwickelten, auf Basis einer abstrakten Arbeit aus den 1970er Jahren, die mit digitalen Mitteln um das 330-fache ihres ursprünglichen Volumens vergrößert wurde. → Abb. 24   Die aufgeworfenen Dachflächen des Bauwerks sind mit einer enganliegenden Haut aus grauen Natursteinplatten verkleidet, während engmaschige Lamellen die Fensterbögen unterteilen, um das in den Saal eindringende Sonnenlicht zu filtern.

Der Gestaltungsspielraum ist hier so weit ausgereizt, dass sich die Erinnerung an die Kuppelform mit anderen möglichen Bildern – Fisch, Welle, Wassertropfen – überlagert und einen Bezug zum Ort herstellt, der vom Meer geprägt wird. Mit seiner Lösung steht der Bau von Rijeka keineswegs allein. Wie schnell einmal gefundene Ideen, wie die aufgesockelte skulpturale Kuppelform, aufgegriffen und fruchtbar gemacht werden, zeigt eine ganze Reihe strukturell und konzeptuell ähnlicher Moscheen. Zu ihr gehört die bereits lange vor dem Bau von Rijeka entworfene Moschee im Istanbuler Neubaugebiet Yeşil Vadi (Entwurf: Adnan Kazmaoglu, 2003) genauso, → Abb. 25   wie der Siegerentwurf beim Moscheenwettbewerb für das slowenische Ljubljana (Entwurf: Bevk Perović, 2011), bei der das aufgesockelte, von kubischen Annexbauten umstandene Bethaus mit seiner aus dem Vollkreis entwickelten Kuppel durch eine Art goldenen Gitterkäfig eingehaust erscheint. → Abb. 26

26   Bevk Perovic: Moschee Ljubljana,
Entwurf 2011

EUROPÄISCH-ISLAMISCHE PERSPEKTIVEN

Es ist kaum ein Zufall, dass eine der neuen, im abendländischen Kerneuropa errichteten Moscheenbauten, die alle Muster des romantisierten Islam hinter sich lässt, auf den Plänen eines Architekten mit bosnischen Wurzeln beruht, dem 1973 geborenen Alen Jasarevic. Sein »Islamisches Zentrum Penzberg«, 2005 entstanden am Ortseingang eines kleinen deutschen Städtchens zwischen München und den Alpen, ist der selbstbewusste Beleg dafür, dass sich Moschee und Moderne nicht widersprechen. → Abb. 27   Jasarevic wählte für die Gestalt des Komplexes einen einfachen Kubus. In diese Grundform integrierte er das Gemeindezentrum (mit Büros, Mehrzweckräumen für Männer und Frauen, Bibliothek, Kindergarten) und die Moschee, die etwa zwei Fünftel des gesamten Raumes einnimmt. Bis auf das verkürzte Minarett, das sich auch farblich von der rauhen Sandsteinfassade absetzt, ist das Haus nicht weiter augenfällig als religiöses Bauwerk ausgezeichnet. Im Vergleich zu den balkanischen Bauten, die die spektakuläre architektonische Geste suchen, deutet Jasarevic schon durch den zurückhaltenden Außenbau die kontemplative Stimmung des Betsaales im Innern an. Auch hier arbeitete er mit einfachsten Mitteln, verzichtete auf große Leuchter, überbordenden Schmuck, ausladende Ornamentik. Der Name Gottes ist als kantiges Basrelief in die Decke aus Sichtbeton gestanzt. Der Mihrab, als halbrunde Skulptur vor die blaue gläserne Qiblawand gestellt, setzt sich − analog zum Minarett − aus den Worten einer Sure aus dem Koran zusammen und verkündet stumm das Lob Gottes.

Bei der Einweihung des Hauses war Alen Jasarevic 32 Jahre alt. Das »Islamische Zentrum Penzberg«, das ihm europaweite Aufmerksamkeit bescherte, war sein erstes großes Projekt. »Mein Ziel war es, den kommenden Generationen das passende Gebäude zu schaffen«, betonte er damals gegenüber der »Islamischen Zeitung«. »Das kann keine Kopie sein, weder von einer Kirche, noch von einer althergebrachten Moschee. Die zeitgenössische Moschee muss in Deutschland einen eigenständigen Typus darstellen. Das Forum in Penzberg ist ein Versuch einen neuen Weg zu gehen. Dass er der richtige oder einzig wahre ist will ich gar nicht behaupten. Sehen Sie, ich bin hier aufgewachsen und fühle mich in Deutschland sehr wohl, habe aber natürlich noch meine bosnisch-muslimischen Wurzeln, aber ich will auch gerne der Gesellschaft hier zeigen, dass wir mithalten können, dass wir innovativ sein können, und dass wir unseren Glauben nicht als etwas althergebrachtes verstehen, sondern als etwas was sich ständig entwickelt und dadurch auch solche Gebäude schaffen kann.«

Treibende Kraft hinter dem Projekt war neben dem Planer der etwa gleichaltrige, aus Mazedonien stammende Imam Benjamin Idriz. Er begriff den Moscheenbau als programmatisches Musterprojekt eines dezidiert europäischen Islam und suchte entsprechend Verbündete: unter den Mitgliedern seiner eigenen Gemeinde, die den für viele ungewöhnlichen Entwurf mitzutragen hatten, genauso wie im Ort Penzberg, das neben der traditionell katholischen Prägung auch über eine evangelische Kirche verfügt. Idriz gelang es, den Islam als dritte wichtige religiös-soziale Kraft in der Stadt zu etablieren, indem er einen offenen Dialog betrieb und die innovative architektonische Erscheinungsform als symbolisches Merkbild für seine Initiative nutzte.

Begreift man Alen Jasarevics Bauwerk als Fortführung einer Entwicklung, die nach dem Zweiten Weltkrieg in Bosnien und in der Türkei begonnen hat, so lässt sich die Penzberger Moschee als Anzeichen für einen Aufbruch deuten, der die islamische Architektur in ganz Europa betrifft. Die Initialzündung dieser Entwicklung war sogar noch einige Jahre früher erfolgt: mit dem Wettbewerb für eine Zentralmoschee im elsässischen Straßburg im Jahr 2000, der die Bauaufgabe Moschee erstmals ins Blickfeld einer breiten Öffentlichkeit geführt hatte. Paolo Portoghesi, Architekt der Moschee von Rom, konnte den Wettbewerb zwar mit einem konventionellen Entwurf für sich entscheiden (der

27   Alen Jasarevic:
Islamisches Zentrum Penzberg, 2005

Bau wurde 2012 eingeweiht). Begeisterung aber löste Zaha Hadids Vorschlag aus, die die gestalterischen Möglichkeiten islamischer Baukunst aus ganz eigener Perspektive vorführte. → Abb. 28 Als gebürtige Irakerin war die in London praktizierende Hadid mit dem Moscheenbau eng vertraut und rückte — trotz der aus westlicher Sicht vermeintlich ungeeigneten Bauaufgabe — kein Stück vom dekonstruktivistischen Ethos ab, das sie seit den 1980er Jahren konsequent verfolgte: Gebogene Linien, gekrümmte Wände, fließende Formen kennzeichnen den kraftvollen Entwurf.

Für zahlreiche europäisch-muslimische Architekten war Hadids kompromissloser Entwurf ein Befreiungsschlag von katalytischer Wirkung. Gerade jüngere Planer entwickelten ein reges Interesse, es ihr gleich zu tun. Eine der frühesten Reaktionen kam von einem niederländischen Team Architekturstudenten, das Ende 2002 mit der »Multikulturellen Moschee« (MuCuMo) eine architektonische Collage entwickelte, die das »Poldermodell« um eine islamische Komponente erweitern und ein bestehendes Gesellschaftssystem zeitgemäß ergänzen wollte. Der versatzstückhafte, dabei unmissverständlich moderne Entwurf war auch ein Protest gegen die damals gerade öffentlich gewordenen Pläne der Rotterdamer Essalam-Moschee, deren Erscheinungsbild die Planer der MuCoMo als unzeitgemäß geißelten, um statt dessen mit ihren Mitteln den eigenen Platz in der Gesellschaft der Gegenwart einzufordern. Zwei der vier mittlerweile im niederländischen Architekturgeschehen fest verankerten MuCoMo-Planer, Ergun Erkoçu und Cihan Bugdaci, verfolgten übrigens das Thema publizistisch weiter. 2009 veröffentlichten sie das Buch »The Mosque«, das zahlreiche Facetten des gegenwärtigen Moscheenbaus in Europa in architektonischer, aber auch politischer und sozialer Hinsicht beleuchtet.

Mittlerweile sind in Holland einige markante Moscheenneubauten entstanden, die die Verbindung von Religion, Ort und Geschichte reflektieren. Furkan Köse (Atelier PUUUR) entwickelte für den kleinen Ort Doetinchem ein kompaktes Gemeindezentrum (2007–2013) das

28   Zaha Hadid: Moschee Straßburg,
Entwurf 2000

29   Atelier PUUUR: Moschee Doetinchem,
ausgeführter Bau und Modellansicht, 2013

die streng rationale Tradition niederländischer Moderne
fortführt. Da die intensiv in den Bauprozess einbezogene
Gemeinde nicht alle Wünsche des Gestalters mittragen wollte
wurden einige Neuerungsvorschläge — etwa der Verzicht auf
Frauenemporen — zugunsten traditioneller Strukturen verworfen. → Abb. 29   Den Kontrast zwischen planerischem
Wunsch und Wirklichkeit bestimmt auch die Amsterdamer
Doppelmoschee von Marlies Rohmer (2007–2009), deren
Betsäle im Innern durch die jeweiligen Gemeinden ausgebaut
wurden, mit eigens aus Marokko bzw. der Türkei importierten
Baustoffen. Rohmer gestaltete das Äußere des langge-
streckten Bauwerks, dessen symmetrischer Giebel eine Art
tektonischen Schleier zwischen der muslimischer Innen- und
der holländischen Außenwelt bildet. Der Backstein, typisch
regionaler Baustoff, wird zu einem texturhaften Muster ver-
woben, dessen Perforation die Sichtblenden der islamischen
Architektur (Maschrabbiyyas) mit der lokalen Tradition
verbindet. → Abb. 30

Das politisch-soziale Paradox der Niederlande — eine
traditionell protestantisch geprägte Handelsgesellschaft,
deren Offenheit durch politischen Rechtspopulismus scharf
konterkariert wird — mag innerhalb Europas vielleicht am
ehesten mit den skandinavischen Ländern vergleichbar sein.
Das gilt dann insofern für die Architektur, da auch hier die
Moderne fest etabliert ist. Beispielhaft spiegelt es sich im
Anfang 2007 veröffentlichten gemeinsamen Plan von zwölf
islamischen Gemeinden der Großstadt Aarhus wider: Der Entwurf des Büros C.F. Møller übertrug die Anforderungen des
Moscheenbaus in eine spätmoderne Formensprache. → Abb. 31
Bethaus und Gemeindebauten bilden einen kompakten Block,
der von ausladenden Rampen und dem Schwung der Dach-
landschaft umspielt wird. Diese Bewegung im Raum, die
fließende Verknüpfung von Moschee, Innenhof, Park und
Stadt, der Dialog von Solitär und Umgebung, ist das beherr-
schende Thema, denn das gesamte Bauwerk, das von einem
30 Meter hohen Minarett bekrönt werden soll, ist auf eine
wachsende Gemeinde ausgerichtet und entsprechend fle-

30   Marlies Rohmer: Doppelmoschee,
     Amsterdam, 2009

xibel. So lässt sich etwa der zentrale, 800 Gläubige fassende Betraum bei Bedarf erweitern, indem man die Mauern zum Hof absenkt und die Portale öffnet, sodass insgesamt bis zu 2.000 Menschen gleichzeitig beten können.

Dass auch in England Moscheeneubauten politischem und gesellschaftlichem Druck unterworfen sein können musste der in London praktizierende Ex-Mitarbeiter Zaha Hadids Ali Mangera mit seinem Büro MYAA erfahren. Bekannt wurde er 2005 mit dem Entwurf für ein Islamic Centre im Londoner Viertel Abbey Mills, das von seinen Ausmaßen her riesig gedacht war (Grundstücksgröße: 50.000 Quadratmeter, Kapazität: 12.000 Gläubige) und die gängige Vorstellung von islamischer Baukunst regelrecht auf den Kopf stellte. → Abb. 32　Das kontrovers diskutierte, von Islamgegnern heftig diffamierte Vorhaben sollte auf einem Bauplatz unweit des neuen Stadions der Olympischen Spiele 2012 errichtet werden. Interessant ist der expressive Baukörper nicht allein wegen seiner ungewöhnlichen Form, sondern auch weil die Planer ihre Moschee als städtebauliche Grundlage für die gestalterische und soziale Entwicklung des lange vernachlässigten Londoner Nordens nutzen wollten: Eine stadträumliche Studie, die sich mit der Infrastruktur der Abbey Mills Riverine, einem ehemaligen Industriegelände, befasst, machte die Külliye zum Ausgangspunkt eines neuen urbanen Zentrums. MYAA hat seither mehrere weitere Moscheenprojekte entwickelt, darunter für Saudi Arabien, Kuwait und die Vereinigten Arabischen Emirate. Der QFIS University-Komplex in Doha wurde, inklusive einer die Formen von Abbey Mills weiterentwickelnden Moschee, zwischen 2008 und 2015 verwirklicht. → Abb. 33

Während MYAAs Moscheenentwürfe für London und Cambridge unrealisiert blieben, konnte das Londoner Büro Makespace Architects Projekte umsetzen, deren Formensprache dem flamboyanten Gestus Ali Mangeras diametral entgegenstehen. Vor politischem Widerspruch blieben sie bislang gefeit. Dafür sind sie fest in der muslimischen Lebensrealität des Landes verankert und im einfühlsamen Dialog mit

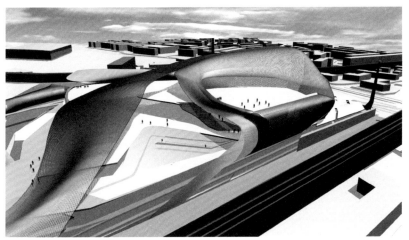

31 C.F. Møller: Moschee Aarhus, Entwurf 2007
32 MYAA: Islamic Centre Abbey Mills, London,
Entwurf 2005

33   MYAA: Qatar Faculty of Islamic Studies
(QFIS), Education City, Katar, 2015

den Nutzern entwickelt. Die kompakte Shahporan Moschee im Ost-Londoner Viertel Hackney ist mit ihrer zurückhaltend gestalteten Fassade aus semitransparenten Metallgittern subtil in die vorhandene Bebauung eingepasst, die bereits vor Beginn des Neubaus (2012–2013) von der Gemeinde als Moschee genutzt worden war. → Abb. 34   Makespace Architects sehen einen wichtigen Teil ihrer Arbeit in der Vermittlung von gestalterischen und raumorganisatorischen Möglichkeiten bei engen Budgetvorgaben. Die intensive Kommunikation mit den Mitgliedern der Gemeinde gehört daher zu den Grundlagen ihrer Entwürfe.

Unter den ambitionierten Entwerfern, die mit kühnen Visionen und raffinierten Strukturen als Vordenker eines zukünftigen Moscheenbaus auftreten, der bislang an skeptischen Gemeinden, fehlenden Finanzmitteln oder politischem Unwillen scheitert, sind Makespace Architects so etwas wie nüchterne Realisten. »Die meisten Moscheen sind klein und lokal, initiiert und unterstützt durch örtliche Gemeinden. Daher sind die Bauten zu allererst ein Resonanzraum ihrer Nutzer und deren praktischen und symbolischen Bedürfnissen haben sie zu entsprechen«, schreiben die Planer in einem Statement. »Da es über die Gebetsrichtung gen Mekka hinaus keine Gestaltungsvorschriften für Moscheen gibt sind die aus der Geschichte ableitbaren Formen offen für Interpretationen und Suggestionen. Wichtig erscheint es, Elemente aufzugreifen, die die Menschen mit ihrer Tradition verbinden. Denn die Moschee muss für den Gläubigen, der sie nutzt, eine Bedeutung haben, nicht zuletzt als Symbol einer sich stets verändernden islamischen Welt und ihrer Traditionen.«

Zur eigenen Arbeit heißt es: »Moscheenbau in London ist ein sensibler, verwickelter Vorgang. Als Architekten wägen wir die Komplexitäten von Londons urbanem Gewebe, die Wünsche und politischen Anforderungen einer Moscheengemeinde, die Bedeutung der islamischen Architekturgeschichte und die Notwendigkeit schnellen kulturellen Wandels gegeneinander ab.« Die keinesfalls leichtfertig

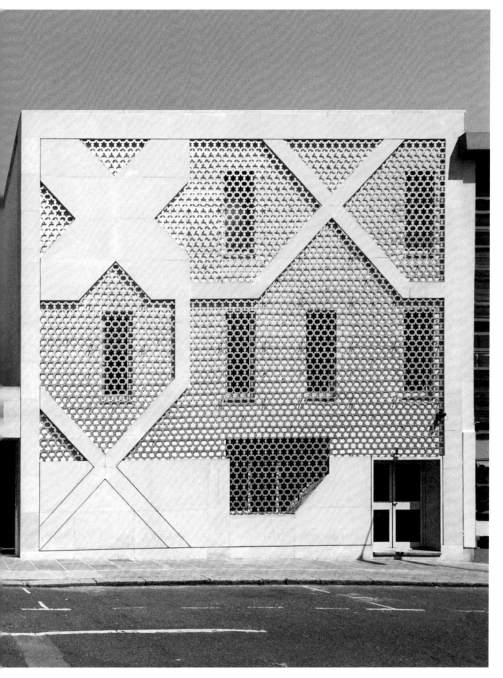

34   Makespace Architects:
Moschee London-Hackney, 2013

niedergeschriebenen Worte zeigen eindrücklich, welch soziale Verantwortung Architekten auf sich nehmen, wenn sie sich mit der Bauaufgabe Moschee auseinandersetzen. Denn hinter dem Bedürfnis religiöser Selbstdarstellung durch Architektur stehen – und das wird zumal von Kritikern oft vergessen – immer Menschen.

Ein spürbarer Effekt der Arbeit von Planern wie MYAA und Makespace Architects mag das veränderte Bewusstsein vieler britischer Muslime gegenüber ihren Moscheen sein. Bislang waren etliche Gebetshäuser unter Ausschluss von Architekten entstanden, geschweige denn mithilfe eines Wettbewerbs. Markantestes Beispiel dieser Entwicklung war die 2003 in Südlondon errichtete Baitul Futuh-Moschee (»Haus der Siege«), ein Bauwerk der von vielen Muslimen als »Sekte« angesehenen, ursprünglich in Pakistan beheimateten Ahmadiyya-Bewegung. Das auf insgesamt rund 10.000 Betende ausgelegte Haus wird gemeinhin als größte Moschee Europas bezeichnet – und entstand doch ohne professionellen Planer. Zuständig war ein neunköpfiges Komitee, das sich aus Gemeindemitgliedern rekrutierte, die beruflich in direkter oder indirekter Verbindung mit dem Ingenieurswesen standen. Nachdem der Bau bei einem Großbrand 2013 weitgehend vernichtet wurde, entschied sich die Gemeinde zwei Jahre darauf, die Neubauplanungen einem Architekten anzuvertrauen: Das britische Büro John McAslan and Partners, das unter anderem regelmäßig im arabischen Raum beschäftigt ist und dort auch Erfahrung mit dem Moscheenbau gesammelt hat (etwa die 2015 eingeweihte Jumma Mosque in Doha), erhielt von der Londoner Ahmadiyya einen Direktauftrag.

SCHATTEN DES KOLONIALISMUS

Wenn es im Vorangegangenen immer wieder um die Frage ging, inwieweit zeitgemäßer Moscheenbau die formalen und inhaltlichen Errungenschaften der Moderne reflektieren kann, so muss dabei berücksichtigt werden, dass der Modernediskurs für viele Muslime nicht von der Kolonialismusdebatte zu trennen ist und diese Verbindung zwangsläufig auf den Bau von Moscheen zurückwirkt. »Anders als die meisten anderen Religionen ist der Islam ein all-umfassender Glaube, der durch den Akt der Gottesunterwerfung nicht allein des Menschen spirituellen Kontext in Bezug auf den Kosmos definiert, sondern im Kontext einer disziplinierten gesellschaftlichen Koexistenz auch umfassend seinen Alltag bestimmt. Und gerade auf letzteren war der Einfluss westlicher Kultur besonders umfassend«, bemerkte Ihsan Fethi in seinem noch heute instruktiven Essay über zeitgenössischen Moscheenbau von 1985. Beispiele für die Durchdringung der beiden Sphären lassen sich in den nach der Unabhängigkeit vom Kolonialherrn errichteten Staatsmoscheen (in Indonesien oder Pakistan) genauso finden, wie in Projekten, zu denen Staatsregierungen westliche Planer herangezogen haben, darunter beispielsweise Walter Gropius' Moscheenentwurf für die Universität Bagdad (1957). → Abb. 35   Die Dynamiken dieser bis heute nachwirkenden Beziehung von Moderne und Kolonialismus lässt sich eindrücklich am Verhältnis von Frankreich und Algerien illustrieren, das bereits mit der Pariser Hauptmoschee von 1926 einen ersten baulichen — und kolonialistischen — Ausdruck gefunden hatte, der noch ganz im Zeichen des »Orientalismus« stand.

Nach Algeriens Unabhängigkeit 1962 forcierte die Staatsregierung den infrastrukturellen und symbolpolitischen Ausbau der Hauptstadt Algiers, unter anderem mit dem Plan für ein neues Regierungsquartier, das mit einer eigenen Staatsmoschee ausgezeichnet werden sollte. Mit dem Entwurf betraute man 1968 den Brasilianer Oscar Niemeyer, der das Bauwerk an die Gestade des Mittelmeers

verlagerte. → Abb. 36   Bergend umgriffen von einem halb-
mondförmigen Pier, der vom Strand zum Haupteingang
führt, sollte der Betonbau wie ein Nomadenzelt über den
Wassern schweben. Niemeyer erinnerte sich später, der
1965 durch einen Putsch an die Präsidentschaft gelangte
Militärführer Houari Boumédiène habe ihm attestiert: »Your
mosque is beautiful, but it is quite revolutionary.« Niemeyer
selbst entgegnete nach eigenen Angaben: »Yes, President, it
is a revolutionary mosque. The revolution cannot be stopped
half way.« Analog zur damaligen Türkei, wo die radikalen
Konzepte der Moderne das religiöse Gesicht einer laizistisch verfassten Republik formen sollten, nutzte Algerien
die Moderne, um sich als unabhängiges, zukunftsgewandtes,
autonomes Land zu repräsentieren: Sie diente als symbolisches Vehikel eines postkolonialen Selbstverständnisses,
indem auch der Islam vom Stigma des Exotismus befreit
werden sollte.

Interessant ist der Fortgang dieser Entwicklung.
Mittlerweile wird das Konzept der Moderne als »westliches«,
von außen an die unabhängigen Muslime herangetragenes
Konstrukt begriffen – was zu einer Rückorientierung hin zu
jenen Formen führt, die einst als Ausdruck orientalistischer
Marginalisierung galten. 2008 führte der algerische Staat
einen neuen Wettbewerb für die Staatsmoschee in Algiers
durch. Es gewann das deutsche Büro KSP Jürgen Engel
Architekten. Während die Begleitbauten dieser gigantischen
Külliye (Kulturzentrum, Bibliothek, Imamschule) in nüchtern-
modernen Formen entstehen basiert die auf 35.000 Gläubige
ausgelegte Moschee mit ihrer 45 Meter hohen Kuppelkonstruktion und dem 265 Meter messenden Minarett auf einem
konventionellen, an historischen Formen angelehnten Entwurf. Auf Wunsch des Bauherrn wurde dieser im Laufe des
Planungsprozesses noch ornamental aufgeladen, also weiter
orientalisiert. → Abb. 37

35   Walter Gropius und TAC: University of
Baghdad Mosque, Entwurf 1957
36   Oscar Niemeyer: Moschee für Algiers,
Entwurf 1968, Modellansicht

MOSQUEE A ALGER 1968

37　KSP Jürgen Engel Architekten:
Moschee für Algiers, Entwurf 2008
38　Emile di Matteo: Moschee Cannes-
La Bocca, Entwurf 2006

Die Vorgänge in der islamischen Welt sind insofern gleich doppelt bemerkenswert, weil sie ihre Entsprechung in Europa finden. Analog zum Orientalisierungsprozess der algerischen Staatsmoschee vollzog sich Ähnliches bei einem Moscheenbau in Cannes-La Bocca, der vom Trägerverein »Association des Musulmans de Bassin Cannois« (AMBC) errichtet wurde, einer lokalen Gruppierung maghribinischstämmiger Franzosen. Ende 2006 präsentierte der AMBC einen Neubauentwurf, der als »La mosquée ›New look‹« bekannt wurde: ein Bau ohne Minarett, ohne Ornamente, dafür aus Glas, Metall, Naturstein, mit einem weit auskragenden Flugdach, dessen dreickige Form das umliegende Terrain beherrschen sollte. → Abb. 38   Der zuständige Planer Emile di Matteo hatte mit der Architektur des romantisierten Islam bewusst gebrochen, weil er die Moschee als europäische Bauaufgabe neu definieren wollte: »Dies ist eine spezielle, ungewöhnliche Arbeit. Man hat ja leider nicht oft die Gelegenheit, eine Moschee zu bauen. Daher ist das ein besonderer Anlaß im Leben eines Architekten, sich mit einem religiösen Bauwerk zu befassen. Aber diese Arbeit ist auch heikel. Denn wir sind von abendländischen Vorstellungen geprägt und wir müssen gleichzeitig die Kultur des Islam aufnehmen.« Die damalige Präsidentin des AMBC, Louisa Hemaissia, sekundierte di Matteo, um den von der architektonischen Formensprache ausgehenden Symbolgehalt des Projekts im Hinblick auf einen neuartigen europäisch-eigenständigen Islam und den Wunsch auf einen selbstbewussten Ausdruck jenseits der Traditionen und kulturellen Bindungen zu betonen: »Es ist ja nicht der Gebetsort, der den Muslim prägt, sondern es ist vielmehr der Muslim, der den Gebetsort prägt.«

Mit der exakt gleichen Argumentation brachten die Mitglieder des AMBC Hemaissia und die »Mosquée ›New look‹« kurz darauf zu Fall: Nach heftigen Kontroversen, die sich an der Gestalt des Baus entzündet hatten, wählte die Organisation 2010 einen neuen Vorstand, der den Kurs einer architektonischen Modernisierung mit scharfen Worten als

Irrweg geißelte und eine Neuplanung initiierte. Das 2014 eingeweihte Bauwerk orientiert sich nunmehr an den historischen Moscheen der Maghribregion. Was sich vereinfacht wie eine Selbstorientalisierung darstellt ist somit auch eine Reaktion auf die Konnotationen der Moderne: Sie scheint vielen ernsthaft an Aufbruch und Integration interessierten Muslimen eben gerade keine Alternative für ihre zeitgemäße religiöse und symbolische Selbstdarstellung zu bieten, weil sie als »äußerlich« und fremd, als durch die Kolonialzeit politisch belastet begriffen wird.

UNGLEICHZEITIGE GLEICHZEITIGKEIT

Dass die Rezeption der Moderne im Hinblick auf ihre Brauchbarkeit für den Moscheenbau auch positiv ablaufen kann, mögen folgende Beispiele zeigen. Der Fall Iran illustriert dabei, dass es zur Koexistenz der Anschauungen auf verschiedenen Ebenen kommen kann – die Moderne also in bestimmten Fällen verworfen wird, während man sie an anderer Stelle nutzt. Bei ihrer Gründung 1979 setzte sich die Islamische Republik staatsrechtlich und symbolpolitisch radikal vom Schah-Regime ab, das, entfernt vergleichbar mit den Reformen Mustafa Kemal Atatürks, eine Modernisierung »von oben« eingeführt hatte, die im westlich-säkularen Lebensstil ihren direkten Ausdruck fand. Zahlreiche Museums- und Kulturbauten übernahmen die Moderne als Baustil, einige davon reicherten sie mit orientalischen Formen an, wie das markante Azadi-Denkmal in Teheran (Entwurf: Hossein Amanat, 1971).

Die Erscheinungsform der in allen größeren Städten errichteten sogenannten Mosallas scheint eine direkte Reaktion auf die Entwicklung vor 1979 zu sein. Unter diesen zentralen Staatsmoscheenkomplexen, in denen religiöse und politische Schulung erfolgt und deren Freitagsgebete mit offiziellen Verlautbarungen abgeschlossen werden, ist die 1983 entworfene Imam Khomeini Mosalla in Teheran (Ausführung:

39   Asar Consultant Engineers: Imam Khomeini-
Mosalla, Teheran, erbaut ab 1980
40   CAAT: Amir-Al-Momenin-Moschee, Teheran,
Entwurf 2013

Asar Consultant Engineers) die größte. Auf einem Areal von 60.000 Hektar ist seither ein ganzes Gefüge von Bauten entstanden, das sich rings um einen zentralen längsrechteckigen Platz mit Wasserbecken gruppiert, dessen Disposition unverkennbar den historischen Meidan-i Schah-Platz in Isfahan, ein Komplex der Safawidenzeit, spiegelt. → Abb. 39   Auch die zentrale Moschee rekurriert auf Isfahaner Vorbilder des 17. Jahrhunderts, die riesige Kuppel soll nach Abschluss der Rohbauarbeiten innen und außen mit bunter Keramik verkleidet werden, deren Farben und Ornamente die Anmutung der Kaisermoschee (Masdschid-i Schah) aufnehmen.

Abseits der architektonisch-religiösen Staatsdoktrin entwickelte sich im Iran eine bis heute blühende alternative Form der Moscheenarchitektur, die sich die Mittel der Moderne selbstbewusst aneignete. Die gestalterische Spanne ist dabei denkbar groß und reicht vom kompakten Miniaturpavillon bis zum experimentierfreudigen Avantgardeprojekt, wie dem 2013 veröffentlichten Entwurf der Amir-Al-Momenin-Moschee (CAAT Architecture). Ihr Außenbau sucht durch seine dynamischen Lamellen und gekurvten Umrisse die spektakuläre Form, die die durch vorgeschriebene Geschlechtertrennung notwendige hierarchisch gegliederte Raumfolge im Innern und den zentralen Betsaal umgreift und einhüllt, der wie eine große Haselnuss (eine verblüffende Transformation safawidischer Kuppelvorbilder) geformt ist. → Abb. 40 Das aus der Kalligraphie abgeleitete Thema der fließenden Form und der horizontalen Schichtung wird in der iranischen Gegenwartsarchitektur immer wieder aufgegriffen und ist — durchaus analog zu Ansätzen von Ali Mangera oder Zaha Hadid — für viele Moscheenbauentwürfe prägend.

Eine erstaunliche Kontinuität der Moderne über kolonialpolitische Zäsuren hinweg lässt sich auch für den südostasiatischen Raum konstatieren. In Bangladesh, dessen Regierungszentrum in Dhaka seit Anfang der 1960er nach Entwürfen des US-Amerikaners Louis Khan entstand und auch einen muslimischen Betsaal umfasst, eröffnete 2008 mit der Chandgaon Moschee in Chittagong (Entwurf: Kashef

41 Kashef Mahboob Chowdhury: Chandgaon
Moschee, Chittagong, 2008

Mahboob Chowdhury) ein Bauwerk, das von der Aga Khan-Foundation als eines der weltweit bedeutendsten Beiträge zur Neuinterpretation der Bauaufgabe Moschee geehrt wurde. Vorplatz und Moscheebereich sind als gleich große kubische Einheiten definiert und als räumliches Kontinuum direkt hintereinandergeschaltet. Durchblicke – zur Qiblawand, in die umgebende Landschaft, aber auch zum Himmel – bilden ein Leitmotiv des Entwurfs, das sich in der Gartengestaltung fortsetzt. Dem kreisrunden Okulus in der Decke des Vorplatzes antwortet die zur Kuppel erweiterte Decke des Betsaals. Die Öffnungen sorgen für Belichtung und für die natürliche Luftzirkulation, die bei Chittagongs subtropischer Durchschnittstemperatur von rund 30 Grad Celsius notwendig ist. Der Betsaal ist aus Klimagründen nicht mit Teppichen ausgelegt, sondern mit gemaserten Natursteinplatten. → Abb. 41

Die Assyafaah-Moschee in Singapur, 2000 von Forum Architects entworfen und vier Jahre später eingeweiht, ist ein weiteres avanciertes Moscheenbauprojekt Südostasiens, dessen technoide Anmutung die herkömmlichen Vorstellungen der Bauaufgabe konterkariert. Halbrunde Bögen aus Sichtbeton – möglicherweise ein Reflex auf Louis Kahns Elementarformen in Dhaka – gliedern das Innere. Auf ihnen ruht auch die Frauenempore, deren Absperrung sich vorwärts in Richtung Qiblawand neigt, die wiederum Richtung Eingang zurückkippt. Vor die Front des tempelartigen, mit einem weit auskragenden Vordach versehenen Baus, in dessen fünfgeschossigem Eingangsriegel auch Büros untergebracht sind, ist ein 33 Meter hohes Minarett gerückt, dass den Bau auf skulpturale Weise auszeichnet: Es besteht aus 25 Millimeter starken Stahlplatten, die sich in unregelmäßigen Abständen überlappen, sodass sie sich in einem regellosen Muster gen Himmel schieben. → Abb. 42

42   Forum Architects: Assyafaah-Moschee, Singapur, 2000

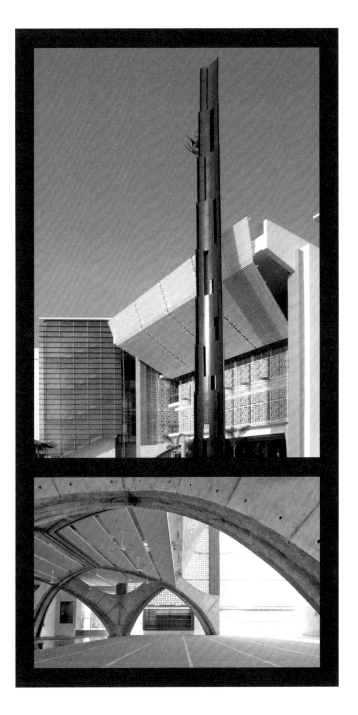

KONSERVATISMUS UND REVOLUTION

Die enormen Mittel, die die Golfstaaten durch den Erdöl-
handel erwirtschaften, fließen nicht nur in die Konstruktion
himmelstürmender Hochhäuser, sondern selbstverständ-
lich auch in den Bau von Moscheen. Berührungsängste mit
der Moderne gibt es dabei nicht, auch wenn zahlreiche Projekte Orientalismen verarbeiten. Während in den Vereinigten
Arabischen Emiraten, Kuwait und Saudi Arabien zahlreiche
Bethäuser – von der kleinen Masdschid bis hin zur großen
repräsentativen Dschami – mit historisierender Anmutung
entstanden, kam es gleichzeitig zu Initiativen, die die Bauaufgabe radikal auf den Prüfstand stellten. Neben Zaha Hadids
Projekt für Kuwait City oder MYAAs Aufträge in Doha seien
an dieser Stelle zwei Projekte vorgestellt.

Für die Dubai Mosque (2011) entwickelte der ira-
nische Architekt Fariborz Hatam (Büro Aedas) eine
Kuppelform, die wie ein Stein inmitten eines großen Wasserbeckens ruht. Proportionen und Details sind aus dem Koran
abgeleitet: 30 hintereinandergeschaltete Betonbinder, die
für die stützenfreie Überspannung des Innenraums sorgen,
verweisen auf die Kapitel der heiligen Schrift. Das nadelför-
mige Minarett ist mit den 99 Namen Allahs ausgezeichnet.
Ein das Wasserbecken überspannender Steg durchschneidet
den gesamten Baukörper und dient der Erschließung zweier
Betsäle – eines größeren für Männer, eines kleineren für
Frauen –, die sich durch die Spaltung der skulpturalen Form
auch am Außenbau abzeichnen. Weitere Funktionen, wie die
Koranschule mit angeschlossener Bibliothek, befinden sich
unterhalb des Wasserbeckens. → Abb. 43

2009 führte die in Dubai beheimatete Galerie
»traffic« einen fiktiven Architekturwettbewerb für die Gestaltung einer Moschee durch, den das New Yorker Büro RUX
Design mit einem ungewöhnlichen Konzept gewann. → Abb. 44
RUX führten ihren Entwurf auf die Basis der Bauaufgabe
zurück und begriffen die Moschee als einen nach Mekka
gerichteten Ort, der zunächst nicht weiter architektonisch

43 Aedas: Dubai Mosque, Entwurf 2011
44 RUX Design: Vanishing Mosque,
Entwurf 2009

gefasst werden muss, sondern sich zur Gebetszeit aus dem
städtebaulichen Kontext entwickelt: Fünf Mal am Tag ver-
wandelt sich ein scheinbar gewöhnlicher Platz, indem ein im
Boden versenktes, nach Mekka orientiertes Podium ange-
hoben wird, um einen geschlossenen Stadtraum für das
Gebet zu schaffen. Minarett und Minbar sind unauffällig in die
Platzwände integriert und treten erst im Rahmen der Transformation in Erscheinung. In den Gebäuden ringsum befinden
sich die Waschräume. Für die Geschlechtertrennung schließlich sorgt eine flexible Barriere.

Das hier am Beispiel eines Dubaier Platzes entwik-
kelte Schema mit dem Titel »Vanishing Mosque« begriffen
RUX als ein stadtplanerisches Universalwerkzeug, das in
urbanen Entwicklungs- und Neubaugebieten implementiert
werden kann, die über eigene Moscheebauten noch nicht
verfügen. Das Verhältnis Moschee–Stadtraum wird dabei
vollkommen neuartig aufgefasst, indem es nicht mehr als
Kontrast der komplementären Elemente Haus–Platz, Bauwerk–Leerraum begriffen wird, sondern in einem wahrhaft
doppel-sinnigen Ort der inszenierten Übergänge in Eins fällt.

Dass diese Idee auf fruchtbaren Boden fiel, zeigt die
Planung des »Islamischen Zentrums« im albanischen Tirana
(Bjarke Ingels Group, BIG, 2011). Auf einer Fläche von 27.000
Quadratmetern sollen drei Bauten, darunter die Moschee,
entstehen, die sich auf einen zukünftigen Platz hin orien-
tieren. Hier durchdringen sich zwei Achsen: das an der
Hauptstraße ausgerichtete Straßenraster der Stadt und die
an der Gebetsrichtung nach Mekka orientierte Moschee. BIG
legte beide Achsen übereinander, ließ die Außenwände der
Bauten den Achsenschwenk direkt nachzeichnen und gewann
aus der charakteristischen Kurvung ein gestalterisches Leitmotiv, das den gesamten Freibereich des Platzes zu einer
»öffentlichen Moschee« macht. Zusammengefügt bilden die
Außenwände der Bauten eine invertierte Kuppelform, deren
Segmente den Platz überspannen. Auf diese Weise wird die
klare Trennung zwischen Außen und Innen, profan und sakral,
Stadt und Moschee aufgehoben. → Abb. 45

Über die äußerst anregende Bau- und Planungs-
tätigkeit in den arabischen Staaten hinaus gilt festzustellen:
Die in Saudi Arabien und in den Vereinigten Arabischen Emi-
raten angesiedelten Organisationen und Stiftungen gehören
zu den global player des Moscheenbaus, deren weltweiter
Einfluss weit über die Architektur, ihre Gestalt und ihre
Finanzierung hinausreicht. Etliche Moscheenbauvorhaben in
Europa konnten erst durch Donationen aus dem arabischen
Raum fertiggestellt werden – und zwar unabhängig von ihrer
ästhetischen Erscheinung. Anders als etwa bei der türkischen
Diyanet handelt es sich also nicht um eine eigenständige Bau-
politik, sondern um eine Förderpolitik. Deren Intentionen und
Ziele erscheinen allerdings insofern widersprüchlich, als sie
sich als Mischung aus Toleranz und Restriktion, Aufgeschlos-
senheit und Konservatismus, Revolution und Restauration
darstellen, eine für Außenstehende schwer zu durchdrin-
gende spezifische Form der Religionsauffassung, die sich auf
soziale Prozesse in den bauwilligen Gemeinden auswirken
kann. Um hier zu einem gerechteren Urteil zu gelangen wäre
die bessere Kenntnis der Zusammenhänge nötig: Welche
Moscheen werden wo und mit Geldern in welcher Höhe geför-
dert, dies mit oder ohne Konsequenz für Personal, Struktur
und religiöse Ausrichtung der Gemeinde? Welches Gesamt-
budget wird von den jeweiligen Stiftungen verwaltet, welche
Satzungen haben sie, welche Absichten verfolgen sie, wer
sind die Akteure, etc. Um einen solchen Überblick zu erstellen
fehlt bislang jede Grundlage. Warum das so ist und ob, wie
bisweilen vermutet wird, Absicht dahinter steckt, wissen wir
nicht.

SCHLUSS

Bereits der kurze Blick auf die Entwicklungen zeigt, dass die Debatte um die neuen Moscheen des Abendlandes nur aus einer globalen Perspektive geführt werden kann. »Heimat« mag dabei ein wichtiger Faktor sein – wenn Muslime Bauformen ihrer Herkunftsländer aufnehmen wollen genauso, wie bei den Ressentiments und Ängsten der Mehrheitsgesellschaft. Gleichwohl sind die Zusammenhänge in vielfacher Hinsicht miteinander verflochten, sodass zeitgenössischer Moscheenbau neben der orts- und projektspezifischen Komponente immer überregionale Aspekte beinhaltet. Das liegt an der weltumspannenden Vielgestaltigkeit des Islam genauso, wie an der global vernetzten Architektur, die Ideen über Grenzen von Ländern, Bürogemeinschaften und Bauaufgaben hinweg teilt.

Moscheenbau wird in Europa noch allzu oft unterhalb ästhetischer Wahrnehmung und unter Ausschluss von Architekten betrieben. Das Ergebnis sind improvisierte, nicht einmal unbedingt preiswerte Strukturen, die ihren Zweck zwar erfüllen mögen, aber als Beitrag zur Baukultur des Islam kaum durchgehen. Es bleibt zu hoffen, dass sich dies ändert, wenn in Zukunft mehr beispielgebende Leitbauten entstehen, die ein Spektrum der gestalterischen Möglichkeiten auffächern und das Interesse an Formen, Materialien und strukturellen Lösungen anfachen. Ob sich auf diesem Wege dann auch tatsächlich eine eigenständige Ästhetik herausbildet, die einstmals als europäisch-islamischer Beitrag zum Moscheenbau wahrgenommen werden wird, ist derzeit nicht abzusehen. Für verbindliche Aussagen sind die spürbaren Anfänge des Aufbruchs noch zu widersprüchlich. Der Blick vieler bauwilliger Muslime ist weiterhin mehr in den Rückspiegel geheftet – die historische Architektur der Herkunftsländer – als nach vorn, in die Richtung einer zukünftigen europäisch-muslimischen »Ankunftsarchitektur«, deren transnationale Komponente sich in ethnisch

46 Sadar und Vuga mit M Studio:
Moschee Prishtina, Entwurf 2013

99

47 Maden Group: Moschee Prishtina, Entwurf 2013
48 Taller 301 mit L+CC: Moschee Prishtina, Entwurf 2013

49   Paolo Venturelli: Moschee Prishtina
(Solar-Moschee), Entwurf 2013

gemischten Gemeinden genauso spiegeln dürfte, wie in den Bauformen. Ob dabei die Moderne fruchtbar gemacht werden kann, muss sich erweisen, zumal ihr neben dem Aspekt des Kolonialismus ein weiteres Dilemma anhaftet: In einem multireligiös-europäischen Kontext, in dem sich auch Kirchenbauten und Synagogen der Moderne bedienen, ist die Frage nach dem zeitgenössischen Moscheenbau an den Aspekt der architektonischen Unterscheidbarkeit geknüpft, des klaren typologischen und gestalterischen Profils innerhalb einer zur vermeintlichen Uniformität tendierenden Entwicklung des »Sakralbaus« insgesamt.

Die Komplexität der derzeitigen Gemengelage hat der Wettbewerb für den Neubau der Moschee von Prishtina (2013), an dem sich zahlreiche internationale Planer beteiligten, noch einmal mit entwaffnender Deutlichkeit gezeigt. Das Panorama der Vorschläge reichte von folkloristisch bis futuristisch, von historistisch bis hypermodern, von introvertiert bis bizarr. Es bleibt zu hoffen, dass sich − auch international − ein kritischer Lernprozess anschließt, um Beliebigkeit zu verhindern. → Abb. 46–49   Im Angesicht der Entwürfe für Prishtina jedenfalls scheint es eine berechtigte Frage, ob der zeitgenössische Moscheenbau nach einer Phase des »anything goes« einen »rappel à l'ordre« nötig hat. Zentral für den Moscheenbau der Zukunft scheint jedenfalls weniger die Auseinandersetzung mit der äußeren Erscheinung als mit den inneren Strukturen. Denn atemberaubende Renderings und irritierende Formengewitter bemänteln oft, dass die Entwerfer historische Typologien und kulturelle Konventionen ungeprüft übernehmen. Das zeigt sich auch bei den oft leidigen Debatten um den Bau von Kuppeln, die ihrem Ursprung nach als architektonische Würdeformeln und kulturelle Hoheitszeichen verstanden werden müssen − und eben kein konstitutives Element der Moscheenarchitektur darstellen. An dieser Stelle könnte dann auch die Auseinandersetzung um den europäischen Moscheenbau ansetzen, um die zukünftigen Bethäuser auf Basis eines soliden architektonischen, historischen, kulturellen und politischen Wissens den aktuellen Bedürfnissen anzupassen.

Das Potential einer solchen Auseinandersetzung zeigt beispielhaft ein Entwurf des Büros ZEST aus Barcelona. Thema der »Ray of light«-Moschee (2009) war die Trennung der Geschlechter, die bislang meist durch räumliche Zäsuren und abgetrennte Bereiche gelöst wird. ZESTs Solitär – über einem Sockel für Büros, Bibliothek und Koranschule thronend – ist von einer dynamisch aufgeworfenen Kuppelschale geprägt, die in einem integrierten Minarett gipfelt. Durch einen breiten, die Kuppelschale teilenden Schlitz dringt Licht ins Innere des Baus, um den auf 850 Gläubige ausgelegten Saal durch einen breiten Lichtkorridor zu gliedern – und so Frauen und Männern ihre Bereiche zuzuweisen. → Abb. 50

Andere Planer arbeiten an einer Überwindung der Muster und Konventionen durch die Rückkehr zu den Quellen, wie Seyed Mohammad Oreyzis 2005 veröffentlichter Alternativentwurf für die Ditib-Moschee in Köln-Ehrenfeld vorführt. → Abb. 51 Oreyzi, 1959 im Iran geboren und seit 1980 in Deutschland, begriff die Worte des Koran als Aufforderung zur gestalterischen Freiheit: »Der Ausdruck des Glaubens findet in der islamischen Kunst seinen Höhepunkt in der Architektur und der Kalligraphie«, erklärte er in einem Vortrag. »Kunstwerke gehören im Islam der Kategorie der wunderbaren Dinge an, der sogenannten ›adjaib‹. Das Kunstwerk soll Erstaunen und Bewunderung erregen. Der Begriff ›adjaib‹ bedeutet wundervoll, erstaunlich und wird heute immer noch verwendet, um Werke zu preisen.« Weiter heißt es. »Der Koran erläutert in Sure 27, Vers 44 diese Haltung. Hier ist von einer ›Sarh‹ die Rede, einem gebauten Raum, der aus Glas- oder Kristallscheiben besteht. Salomo, der König und Prophet, dessen Kunstförderung berühmt war, lässt diesen Raum errichten, um die Königin von Saba zu prüfen und ihr seine Überlegenheit zu beweisen. Als die Königin

50   ZEST: Ray of Light-Moschee, Entwurf 2009
51   Seyed Mohammad Oreyzi: Moschee Köln-Ehrenfeld, Entwurf 2005

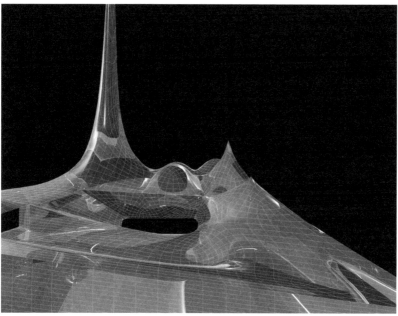

52   Henning Larsen: Moschee Kopenhagen-
Dortheavej, Entwurf 2015

aber dieses Gebäude sieht, hält sie es für ein Gewässer. Es wurde also ein Gebäude errichtet, um eine Illusion der Realität zu erzeugen und damit den Betrachter in Erstaunen zu versetzen.« Das mystische Spiel mit dem Geheimnis des Glaubens, das Oreyzi seiner architektonischen Interpretation des Koran entlockt, führt zur schwelgerischen Form und zur strukturellen Innovation – eine kochende Flüssigkeit?, eine Mondlandschaft?, eine abstrakte Plastik? –, auf deren Basis die Neuformung islamischer Architektur vorangetrieben werden kann.

Über die Innovationskraft von innerreligiösen und innerarchitektonischen Diskursen hinaus gibt es einen weiteren Aspekt, der beim Nachdenken über islamische Architektur in Europa zentrale Wirkung haben könnte: ihre Chance für die Stadtentwicklung – und damit für die Gesellschaft als Ganzes. Ausgehend vom Modell der Külliye lässt sich jeder Moscheenkomplex als Kulturzentrum begreifen, das Funktionen vereinen kann, die von Muslimen wie von Nichtmuslimen genutzt werden, um auf diese Weise als eigenständiger Stadtbaustein in ein Quartier hineinzuwirken und sozialen Zusammenhalt zu beeinflussen. Im Kopenhagener Stadtteil Dortheavej, einem der am dichtesten besiedelten Gebiete Dänemarks, soll ein solcher Stadtbaustein gebaut werden. → Abb. 52 Unter einem Baldachin aus Kuppelsegmenten wird die neue Moschee entstehen, erweitert durch Räume für ein Café, Läden und Büros, Parkplätze im Tiefgeschoss und ein als »Basar« betiteltes Einkaufszentrum. Das komplexe Bauwerk dient gemeinsam mit der vis-a-vis gelegenen neuen Stadtteilbibliothek als Ankerpunkt und soziales Zentrum einer lang vernachlässigten Nachbarschaft. Es ist Basis eines planungspolitischen Neubeginns, der die stärkere Bindung der Bürger zur gesellschaftlichen Mitte hin anstrebt, indem kulturelle und religiöse Artikulationsformen, Bildung, Freizeit und Identität integrativ miteinander verbunden sind und indem mit Hilfe ästhetischer Gestaltung Orte entstehen, an denen sich Menschen verschiedener Herkunft frei von Konsumzwängen treffen können.

53 Alen Jasarevic: Münchner Forum für Islam,
Entwurf 2015

Mit einem ähnlichen Konzept befassen sich auch der Architekt Alen Jasarevic und der Imam Benjamin Idriz, die treibenden Persönlichkeiten hinter dem »Islamischen Zentrum« in Penzberg. Im Februar 2015 stellten Idriz und Jasarevic die Neuplanung eines Projekts vor, das beide bereits zehn Jahre beschäftigte, das »Münchner Forum für Islam«. Der Komplex soll dem stadträumlichen, sozialen und religiösen Aspekt des Moscheenbaus eine neue Dimension verleihen, die in der Gestaltung ihre direkte Entsprechung findet: Auf einem rechteckigen Grundstück umstellen drei leicht geknickte Kuben – einer davon die Moschee – einen leicht erhöhten Platz, der von einem kleinen Park aus direkt über Freitreppen erreicht werden kann. → Abb. 53   Dieser Platz ist der eigentliche Mittelpunkt der Külliye, die als neues Zentrum des ganzen Quartiers gedacht und um Funktionen bereichert ist, die Muslime und Nichtmuslime binden sollen: Café, Bibliothek, Veranstaltungsräume, ein eigenes Museum.

Gegenüber der Süddeutschen Zeitung äußerte Alen Jasarevic zur ambitionierten, in zurückhaltend-modernen Formen gehaltenen Planung: »Im Idealfall spielt die Architektur eine gute Nebenrolle, die sehr wichtig sein kann.« Hinter dieser Aussage steckt nicht falsche Bescheidenheit, sondern die handfeste Erfahrung aus Penzberg: Zeitgemäße Moscheenarchitektur funktioniert nur dann, wenn sie mehr ist als das Konstrukt eines Architekten. Die Planungsidee muss ihre Entsprechung im Auftraggeber finden, einer Gemeinde, die sich von einem Bauwerk repräsentiert fühlen möchte. Sie muss ihre Entsprechung aber auch in der Gesellschaft finden, die den Bau mitträgt – und diese Gesellschaft ist in Europa pluralistisch. Das gilt auch umgekehrt, denn das Ende Juni 2016 verkündete Scheitern des »Münchner Forums für Islam« hat gezeigt, dass die Abhängigkeit von arabischen Investoren – die drei Mal, 2007, 2012 und 2015 ihre Unterstützungszusage widerriefen – für ein europäisches Moscheenprojekt nicht zielführend ist.

Die gesellschaftliche und damit auch finanzielle Verankerung sollte in jenem Kontext erfolgen, in dem ein solcher

Bau entsteht. Denn – allgemein gesprochen – jeder einzelne neue europäische Moscheenbau ist eine öffentlich-kulturelle Aufgabe, eine politisch-soziale Herausforderung für Muslime und Nichtmuslime, die in der europäischen Gesellschaft zusammengehören, weil sie zusammenleben und eine Gemeinschaft bilden. Damit die bauwilligen Moscheengemeinden mit dieser wahrhaft komplexen Angelegenheit nicht überfordert werden muss daher die Mehrheitsgesellschaft ihre muslimischen Mitbürger unterstützen, indem sie eine Anpassung der Rahmenbedingungen erwirkt. Sie muss dafür sorgen, dass verlässliche Strukturen für die Organisation und Finanzierung der Gemeinden, für die Projektierung von Bauten, aber auch für ihren Unterhalt, schließlich für die hier beschäftigten, dann auch in Europa ausgebildeten Imame und Mitarbeiter geschaffen werden. Die Zielvorgaben, die Mittel und Wege, sie zu erreichen, sind im Bewusstsein der Akteure längst verankert. Woran es hapert ist die Umsetzung durch Politik und Verwaltung. Das sollte sich schnell ändern. Denn wenn die Mehrheitsgesellschaft aufgrund der Säumigkeit ihrer Vertreter sich der Chance auf Mitgestaltung beraubt, so werden die neuen Moscheen des Abendlandes am Ende ohne ihre Teilhabe errichtet. Und das wäre ein Verlust für alle Seiten.

WEITERFÜHRENDE LITERATUR

AKŠAMIJA, Azra: Mosque Manifesto. Propositions for Spaces of Coexistence. Berlin 2015

ALFIERI, Stefano (Hrsg.): Mosques in Europe. Why a Solution has Become a Problem. London 2010

ASLAN, Reza: No God but God. The Origins, Evolution and Future of Islam. London 2006

AVCIOĞLU, Nebahat: Turquerie and the Politics of Representation, 1728–1876. Farnham 2011

BADE, Klaus u.a. (Hrsg.): Enzyklopädie Migration in Europa vom 17. Jahrhundert bis zur Gegenwart. Paderborn, München 2007

BEIER-DE HAAN, Rosemarie / WERQUET, Jan (Hrsg.): Fremde? Bilder vom »Anderen« in Deutschland und Frankreich seit 1871. Dresden 2009

ERKOÇU, Ergun / BUGDACI, Cihan: The Mosque. Political, Architectural and Social Transformations. Amsterdam 2009

FETHI, Ihsan: The Mosque Today, in: Sherban Cantacuzino (Hrsg.): Architecture in Continuity. Building in the Islamic World Today. New York 1985

FOSTER, Sabiha (Hrsg.): Islam + Architecture. Architectural Design profile, Nr. 172, Chichester 2004

HOLOD, Renata / KHAN, Hassan-Uddin: The Mosque and the Modern World. London, New York 1997

HÖFERT, Almut: Den Feind beschreiben. »Türkengefahr« und europäisches Wissen über das Osmanische Reich 1450–1600. Frankfurt am Main 2003

HUDOVIĆ, Alma: Sociopolitical Background on the Development of Contemporary Mosque Architecture in Turkey and Bosnia and Herzegovina. Trends Within Contemporary Design Approach. Dissertation TU Berlin 2016, unveröffentlichtes Manuskript

JAMIESON, Alan G.: Faith and Sword. A Short History of Christian-Muslim Conflict. London, 2. Auflage, 2016

Islam in Deutschland. Aus Politik und Zeitgeschichte, Nr. 13–14, 2011. Hrsg. von der Bundeszentrale für politische Bildung

KAHERA, Akel / ABDUL-MAIK, Latif / ANZ, Craig (Hrsg.): Design Criteria for Mosques and Islamic Centers. Art, Architecture and Worship. Oxford, Burlington 2009

KHAN, Hassan-Uddin / FRISHMAN, Martin: The Mosque. History, Architecture, Development and Regional Diversity. London 2002

KLAUSEN, Jytte: The Islamic Challenge. Politics and Religion in Western Europe. Oxford 2005

MAYER, Leo Ary: Islamic Architects and Their Works. Genf 1956

MITCHELL, George (Hrsg.): Architecture in the Islamic World. Its History and Social Meaning. London 1995

PASIĆ, Amir: Islamic Architecture in Bosnia and Hezegovina. Istanbul 1994

PETER, Frank / ORTEGA, Rafael: Islamic Movements of Europe. Public Religion and Islamophobia in the Modern World. London 2014

RENIEM, Florian: Muslime in Europa. Westlicher Staat und islamische Identität. Untersuchung zu Ansätzen von Yusuf al-Quaradawi, Tariq Ramadan und Charles Taylor. Hamburg 2007

RENZ, Alfred: Geschichte und Stätten des Islam von Spanien bis Indien. München, London, New York 2001

RIZVI, Kishwar: The Transnational Mosque: Architecture and Historical Memory in the Contemporary Middle East. Chapel Hill 2015

SAID, Edward: Orientalism. New York 1978

SEREGELDIN, Ismail / STEELE, James (Hsrg.): Architecture of the Contemporary Mosque. London 1996

WING, Sherin: Designing Sacred Spaces. London 2015

DANK

Aleksandra Bajazetov,
Olaf Bartels,
Werner Bossmann,
Valérie Hammerbacher,
André Henrich,
Alma Hudović,
Hans Ibelings,
Alen Jasarević,
Roozbeh Nafisi,
Noureddine Nouri,
Mojtaba Roshan,
Sebastian Tokarz,
Martien de Vletter,
Kai Vöckler,
Hüsnü Yegenoglu
und allen Architekten,
die Bilder und Information
bereitgestellt haben.

BILDNACHWEIS

IMPRESSUM

LEKTORAT
  Luzie Diekmann,
  Deutscher Kunstverlag

GESTALTUNG, SATZ
UND REPRODUKTIONEN
  Kasper Zwaaneveld,
  Deutscher Kunstverlag

DRUCK UND BINDUNG
  Grafisches Centrum
  Cuno, Calbe

BIBLIOGRAFISCHE
INFORMATION DER
DEUTSCHEN
NATIONALBIBLIOTHEK
  Die Deutsche National-
  bibliothek verzeichnet
  diese Publikation in der
  Deutschen National-
  bibliografie; detaillierte
  bibliografische Daten
  sind im Internet über
  http://dnb.dnb.de
  abrufbar.

ISBN 978-3-422-07391-3

www.deutscherkunstverlag.de